O NOVO CÓDIGO DA INSOLVÊNCIA E DA RECUPERAÇÃO DE EMPRESAS
ALGUNS ASPECTOS MAIS CONTROVERSOS
JOÃO LABAREDA

ALGUMAS QUESTÕES PROCESSUAIS NO CÓDIGO DA INSOLVÊNCIA E DA RECUPERAÇÃO DE EMPRESAS
UMA PRIMEIRA ABORDAGEM
FÁTIMA REIS SILVA

AS OPERAÇÕES DE SAÍDA DO MERCADO
PAULO CÂMARA

AS ESCRITURAS DE JUSTIFICAÇÃO PARA FINS DE REGISTO COMERCIAL
FERNANDO NETO FERREIRINHA

O NOVO CÓDIGO DA INSOLVÊNCIA E DA RECUPERAÇÃO DE EMPRESAS

ALGUNS ASPECTOS MAIS CONTROVERSOS

JOÃO LABAREDA

ALGUMAS QUESTÕES PROCESSUAIS NO CÓDIGO DA INSOLVÊNCIA E DA RECUPERAÇÃO DE EMPRESAS

UMA PRIMEIRA ABORDAGEM

FÁTIMA REIS SILVA

AS OPERAÇÕES DE SAÍDA DO MERCADO

PAULO CÂMARA

AS ESCRITURAS DE JUSTIFICAÇÃO PARA FINS DE REGISTO COMERCIAL

FERNANDO NETO FERREIRINHA

ALMEDINA

TÍTULO:	O NOVO CÓDIGO DA INSOLVÊNCIA E DA RECUPERAÇÃO DE EMPRESAS
	ALGUMAS QUESTÕES PROCESSUAIS NO CÓDIGO DA INSOLVÊNCIA E DA RECUPERAÇÃO DE EMPRESAS
	AS OPERAÇÕES DE SAÍDA DO MERCADO
	AS ESCRITURAS DE JUSTIFICAÇÃO PARA FINS DE REGISTO COMERCIAL
AUTORES:	JOÃO LABAREDA – FÁTIMA REIS SILVA
	PAULO CÂMARA – FERNANDO NETO FERREIRINHA
EDITOR:	LIVRARIA ALMEDINA – COIMBRA
	www.almedina.net
LIVRARIAS:	LIVRARIA ALMEDINA
	ARCO DE ALMEDINA, 15
	TELEF. 239 851900
	FAX 239 851901
	3004-509 COIMBRA – PORTUGAL
	livraria@almedina.net
	LIVRARIA ALMEDINA
	ARRÁBIDA SHOPPING, LOJA 158
	PRACETA HENRIQUE MOREIRA
	AFURADA
	4400-475 V. N. GAIA – PORTUGAL
	arrabida@almedina.net
	LIVRARIA ALMEDINA – PORTO
	RUA DE CEUTA, 79
	TELEF. 22 2059773
	FAX 22 2039497
	4050-191 PORTO – PORTUGAL
	porto@almedina.net
	EDIÇÕES GLOBO, LDA.
	RUA S. FILIPE NERY, 37-A (AO RATO)
	TELEF. 21 3857619
	FAX 21 3844661
	1250-225 LISBOA – PORTUGAL
	globo@almedina.net
	LIVRARIA ALMEDINA
	ATRIUM SALDANHA
	LOJAS 71 A 74
	PRAÇA DUQUE DE SALDANHA, 1
	TELEF. 21 3712690
	atrium@almedina.net
	LIVRARIA ALMEDINA – BRAGA
	CAMPUS DE GUALTAR
	UNIVERSIDADE DO MINHO
	4700-320 BRAGA
	TELEF. 253 678 822
	braga@almedina.net
EXECUÇÃO GRÁFICA:	G.C. – GRÁFICA DE COIMBRA, LDA.
	PALHEIRA – ASSAFARGE
	3001-453 COIMBRA
	Email: producao@graficadecoimbra.pt
	JULHO, 2004
DEPÓSITO LEGAL:	214564/04
	Toda a reprodução desta obra, por fotocópia ou outro qualquer processo, sem prévia autorização escrita do Editor, é ilícita e passível de procedimento judicial contra o infractor.

NOTA DE APRESENTAÇÃO

Reúnem-se no 2.º volume das "Miscelâneas" quatro textos. Os dois primeiros, um de João Labareda, outro de Fátima Reis Silva, foram escritos para servirem de base às intervenções dos autores no colóquio "Conhecer o Código da Insolvência e da Recuperação de Empresas", que teve lugar no Auditório da Faculdade de Direito da Universidade de Coimbra em 30 de Abril de 2004, organizado pelo IDET – Instituto de Direito das Empresas e do Trabalho. Os outros dois, de Paulo Câmara e de Fernando Neto Ferreirinha, correspondem a conferências proferidas pelos autores em 2003 no II Curso de Pós-Graduação em Direito das Empresas, igualmente organizado pelo IDET na FDUC.
Vale bem a pena ler todos estes textos. O IDET promove por isso a sua publicação.

Coimbra, Julho de 2004

J. M. Coutinho de Abreu

O NOVO CÓDIGO DA INSOLVÊNCIA E DA RECUPERAÇÃO DE EMPRESAS

ALGUNS ASPECTOS MAIS CONTROVERSOS

JOÃO LABAREDA

1. Tomada a decisão política de promover a reforma do regime jurídico da recuperação de empresas e falência – o tema foi incluído no programa do XV Governo Constitucional, como é recordado no primeiro parágrafo do preâmbulo do Decreto-Lei n.º 53/2004, de 18 de Março, que aprovou o novo Código da Insolvência e da Recuperação de Empresas[1] –, desenvolveu-se um processo legislativo conturbado, com a apresentação sucessiva de ideias e projectos, com origem na área governamental, todavia longe de traduzirem uma orientação segura e unívoca, antes evidenciando tergiversações sensíveis sobre o sentido do rumo a seguir.

A todos era comum a intenção de introduzir mudanças; o conjunto, porém, mostra bem que o percurso foi iniciado sem que se soubesse exactamente para onde ir.

Este fenómeno, a meu ver, acabou por ter reflexos no *iter* processual do novo Código e, em alguns aspectos, nas soluções que veio a acolher, razão pela qual o invoco nestas primeiras linhas.

Creio que isso se demonstrará ao longo da exposição subsequente.

2. Pelo final do primeiro quadrimestre de 2003, quando foi conhecido o Projecto do que, em definitivo, veio a ser o novo diploma – num primeiríssimo momento apenas denominado, curiosamente, de Código da Insolvência –, abriu-se um debate surpreen-

---

[1] Que doravante designarei, simplesmente, por Código, ou pelas suas iniciais CIRE, pertencendo-lhe todas as disposições legais citadas sem outra indicação de proveniência.

dentemente vivo, que interessou a comunidade jurídica e envolveu sectores relevantes da actividade económica e política, traduzido na celebração de múltiplas sessões de divulgação, esclarecimento e apreciação crítica e na apresentação de variadas propostas concretas de alteração, umas visando, fundamentalmente, o ajustamento do texto apresentado, outras uma reformulação mais profunda, quiçá mesmo o abandono, então por ser substancialmente diferente a perspectiva dos proponentes quanto às ideias e motivações de base que deveriam presidir à reforma do regime.

Eu próprio, no âmbito do Curso de Pós-Graduação em Direito da Empresa, do ano lectivo de 2002/2003, promovido por este Instituto do Direito das Empresas e do Trabalho, em que me foi dada a feliz oportunidade de participar sobre esta temática, procurei contribuir para o conhecimento e análise crítica do Projecto, alertando então para diversas omissões, incongruências e soluções menos satisfatórias que, no meu entendimento, e mesmo estritamente sob a filosofia que o inspirava, justificavam melhorias significativas.

Residirá, porventura, aqui a razão principal pela qual o IDET – e mais especificamente o Doutor Coutinho de Abreu – entendeu lançar-me o delicado desafio de arguir hoje os aspectos mais controversos do CIRE.

Conquanto especialmente ingrato, não podia, em consciência, recusar o repto.

É-me singularmente honroso – já o disse em outras ocasiões – acolher um convite do IDET, mesmo quando, como é seguramente o caso, ele possa comportar a assunção de um papel menos simpático.

O avanço da ciência jurídica, como sucede com todas as outras, faz-se pelo confronto constante de ideias e pontos de vista diferenciados, único caminho que permite vislumbrar e atingir novos horizontes.

Neste plano, o IDET tem, consabidamente, desempenhado uma missão imprescindível e de ousadia.

3. Ainda bem que houve tanto empenho dos interessados na apreciação do que se anunciou. O resultado é francamente positivo e animador, e muito a lei beneficiou com ele. Teria, provavelmente, beneficiado mais se houvera a coragem de conceder outro tempo para mais amadurecimento e aperfeiçoamento e, independentemente disso, se tivessem sido atendidas algumas das reflexões trazidas à colação.

Com efeito, entre o que foi o Projecto que instruíu o pedido de autorização legislativa apresentado pelo Governo ao Parlamento e o que, finalmente, é o Código, há diferenças muito assinaláveis que transpassam horizontalmente o diploma, projectando-se em muitas áreas.

Manteve-se, é verdade, a mesma bússola norteadora, fundamentalmente apoiada num tripé, cujas vertentes se identificam nos seguintes termos: uniformização do modelo processual disponibilizado para prover à insolvência; unificação do fim do processo, reconduzido exclusivamente à satisfação possível do interesse dos credores, supletivamente veiculada pela liquidação universal do património do devedor, conferindo-lhes, no entanto, dentro de certo condicionalismo, a possibilidade de proceder à auto-regulação, através da opção alternativa por um plano de insolvência; indiferenciação geral dos devedores sujeitos à insolvência, desconsiderando, por regra, a sua distinta natureza e características em favor da igualdade de tratamento, embora sem prejuízo de certas especialidades que levam em conta a diversidade de situações.

A isto se junta a reafirmada preocupação de celeridade e o intuito de desjudicialização parcial do processo.

Não obstante, em múltiplos domínios foram introduzidas modificações que, contemplando também, de modo relevante, aspectos formais, todavia, os transcendem notoriamente e com assinalável impacto.

Não vale a pena determo-nos aqui demasiado tempo. Mas será conveniente ilustrar a afirmação, até porque a questão é susceptível, por si só, de indiciar a inserção do processo formativo específico do CIRE no quadro mais geral em que se desenrolou a reforma do regime da recuperação e da falência promovida pelo Governo.

Sumariarei, então, somente alguns pontos onde se manifestam diferenças muito sensíveis, espalhadas por áreas dispersas da estruturação do Código e do próprio instituto de que trata.

Assim, desde logo, no que respeita ao âmbito subjectivo da insolvência, admitiu-se a sujeição ao processo de quaisquer patrimónios autónomos, substituindo-se, correspondentemente, a indicação taxativa e fechada que provinha do art.º 1.º do Projecto. Além disso, embora a título subsidiário e na medida em que tal não seja incompatível com os regimes especiais previstos para essas entidades, aceitou-se a possibilidade de subordinação à insolvência das empresas de seguros, instituições de crédito, sociedades financeiras, empresas de investimento prestadoras de serviços que impliquem a detenção de fundos ou de valores mobiliários de terceiros e organismos de investimento colectivo, entidades estas que se projectara ficarem liminar e radicalmente subtraídas ao regime comum da insolvência.

No plano do dever de apresentação, excluíram-se as pessoas singulares que não sejam titulares de uma empresa à data de incursão em situação de insolvência, mesmo que com relação a elas se verifiquem índices que, para outras, presumem a penúria que fundamenta o obrigatório recurso a juízo.

Esta solução, para além do seu impacto dogmático, reveste um inegável alcance prático, tanto mais quanto nem se afastou a possibilidade de o insolvente, como tal declarado, poder usufruir de certas faculdades que a sua qualidade de pessoa singular lhe permitem no quadro do regime da insolvência, mesmo que o processo haja sido impulsionado por um credor ou outro legitimado e não por iniciativa do devedor, nem, obviamente, se ligou qualquer consequência negativa ao facto de o insolvente não se ter apresentado.

Quanto à orgânica da insolvência, reajustaram-se, por um lado, os poderes do juiz relativamente à nomeação da comissão de credores e, por outro, os dos credores em relação à escolha, alternativa à do tribunal, do administrador da insolvência.

Além disso, consagrou-se, em preceito novo, a faculdade de a assembleia de credores revogar, a todo o tempo, as deliberações tomadas pela comissão de credores, além de se assumir que a decisão favorável da assembleia autoriza, por si só, a prática de qualquer acto para o qual o Código requeira a aprovação da comissão, funcionando assim como um seu sucedâneo juridicamente relevante.

No domínio do plano de insolvência, passou a admitir-se a legitimidade directa dos credores para a sua apresentação – ainda que exigindo uma certa representatividade do ou dos proponentes face à globalidade dos créditos reconhecidos ou estimados –, e modificou-se, flexibilizando-o, o *quorum* deliberativo da assembleia de aprovação.

Trata-se, está bem de ver, de duas alterações com grande significado, que não devem passar despercebidas.

Por outro lado, ressalvou-se expressamente a vigência do procedimento de conciliação constante do Decreto-Lei n.º 316/ /98, de 20 de Outubro, o que, sem embargo das dificuldades de aplicação a que ainda terei ensejo de voltar mais adiante, significa a admissibilidade de que se cuide da insolvência das empresas fora do enquadramento judicial.

Ainda se salvaguardou também, no mesmo preceito (art.º 16.º), o que, relativamente aos denominados procedimentos de reestruturação do passivo, possa vir a ser consagrado em sede de legislação especial sobre o consumidor, a qual, todavia, é, presentemente, omissa sobre a matéria.

Lembre-se, todavia, que o Código contém, ele próprio, um mecanismo que visa já dar resposta às situações de endividamento excessivo das pessoas singulares libertando-as, em certas condições, do encargo que não podem suportar, através do recurso ao instituto da exoneração do passivo restante, conquanto ele só seja accionável no quadro do processo de insolvência e como um seu incidente.

Outra inovação importante, que só surgiu após a apresentação do Projecto inicial, foi a da previsão e regulamentação da insolvência conjunta de casados, a que o Código dedica os artigos 264.º e seguintes, com a saliência de que acolhe nesta sede a única hipótese de coligação, activa ou passiva, especificamente admitida no âmbito da insolvência.

Sem prejuízo das dificuldades inerentes à matéria, trata-se, sem dúvida, de um contributo para a resolução de um dos temas mais delicados que se coloca quanto à insolvência de pessoas singulares, sem que o Projecto lhe dedicasse um único preceito.

Por fim, assinalo os Títulos XIV e XV do Código que visam dar execução ao Regulamento (CE) n.º 1346/2000 do Conselho, de 29 de Maio de 2000, relativo à temática das insolvências transfronteiriças, mas, aproveitando muito do que nele se estabelece, postulam a posição geral do Estado português quanto ao reconhecimento da declaração de insolvência proferida em processo estrangeiro, a admissibilidade do que se designa por processos particulares – que se dirigem a devedores, cuja sede, domicílio ou centro dos principais interesses se situam fora do país, mas têm aqui bens susceptíveis de contribuir para a satisfação dos interesses dos credores –, e consagram um vasto conjunto de normas de conflito aplicáveis mesmo com relação a devedores não comunitários.

4. Estamos longe de ter identificado todos os domínios onde o Código diverge, com relevância, do que foi o Projecto.

Esse não era, contudo, advertidamente, o objectivo, que se bastava com a demonstração de como foi profícuo o tempo que medeou entre a divulgação do modelo e a apresentação do produto final, e como foi significativo o contributo dos debates que entretanto se desenvolveram.

É, assim, quase intuitivo que, de um modo geral, o novo diploma é melhor do que, a princípio, se perspectivava, sem prejuízo de, circunstancialmente, se terem verificado recuos menos salutares.

Aqui voltarei mais adiante.

Por outro lado, cumpre dizer que em diversos sectores, onde se seguiu na esteira da lei pregressa, o Código conseguiu melhorias, algumas delas notórias. Permita-se-me a imodéstia de reparar que aproveitou de várias observações que também subscrevi.

Entretanto, quem iniciar o contacto com o Código pela leitura despreocupada e apriorística do preâmbulo do Decreto--Lei que o aprovou, corre o risco de se convencer estarmos perante um diploma feito de soluções largamente consensuais, quiçá unanimistas, que se impõem quase naturalmente como instrumentos óbvios para debelar o flagelo em vista.

Reparará que, aqui e ali, há como que uma rejeição liminar de argumentos que se antecipam, o que poderia indiciar a susceptibilidade de alguma controvérsia. Mas será, porventura, seduzido pelo fulgor persuasivo que se estriba no desfilar, muitas vezes laudatário, das medidas legislativas tomadas.

Seria, porém, excessiva graça, sobretudo nos tempos que vão correndo, que pudéssemos contar com um texto sem mácula assinalável.

A verdade é que sobra um largo espectro de situações em que as opções da lei se revelam questionáveis.

É-me então proposto que as visite e as desvende.

Não tenho a pretensão de ser exaustivo e, menos ainda, a de que esta análise ilumine suficientemente os caminhos a percorrer.

Faltar-me-ia, desde logo, a ponderação bastante, que a infância do Código ainda desculpa e que só o decurso do tempo e, muitas vezes, a experiência vivida permitem; mas faltar-me--ia sempre o engenho propício que favorece os grandes cometimentos.

A todos, faltar-nos-ia a oportunidade de a tudo acorrer.

Expor-vos-ei, simplesmente, um pequeno conjunto de reflexões com que intento poder contribuir para estimular o interesse e intensificar o empenho dos que, doravante, se confrontam com a necessidade – ou com a vontade – de interpretar e aplicar a lei, de sorte a que se susceptibilize o acervo doutrinário e jurisprudencial que o tema, incontornavelmente, merece. Se o conseguir, terei motivos bastantes de satisfação.

5. Antes de, em definitivo, cumprir a tarefa, cabe fazer duas advertências.

Não me parece, antes de mais, que se justifique aqui discutir as escolhas básicas de política legislativa que foram feitas.

Saber se é acertada a opção por uma espécie processual única e universal, se faz sentido a desconsideração da qualidade do devedor ou a afirmação de uma via supletiva de satisfação dos credores assente na liquidação universal do património do devedor, sindicar se o instituto deve visar um fim exclusivo ou privilegiar mais, avaliar da bondade da desjudicialização, por exemplo, são aspectos que, fundamentais embora, tiveram o seu tempo próprio para ser equacionados e debatidos, no decurso do processo legislativo. Não se ganharia grande coisa em retomar essas questões, a não ser, eventualmente, numa perspectiva de direito a constituir, manifestamente extemporânea.

Prescindo, pois, de quaisquer considerações a esse propósito.

Por outro lado, também me abstenho de comentar os aspectos formais da técnica legislativa utilizada, em respeito da idiossincrasia própria do legislador, se bem que não me exima a expressar a minha pouca afeição pelo recurso a preceitos frequentemente longos e remissivos, que não facilitam a clareza nem simplificam a compreensão do que se quer, e em que me parece que o Código poderia ter sido menos pródigo.

Por razões paralelas excluirei referências à sistematização do diploma.

Mas as coisas já são diferentes no que respeita ao uso de noções impróprias, cujo sentido comum é desvirtuado, e ao apelo a conceitos vagos e imprecisos, de difícil tradução e aplicação, principalmente quando falta o suporte de um trabalho anterior de exegese, que ajude a fixar os respectivos conteúdos e contornos.

Aí, envolve-se directamente a substância dos direitos e das situações jurídicas, favorecendo excessivamente a casuística e exponenciando objectivamente a iniquidade de soluções diversas para espécies objectiva e globalmente idênticas, com toda a panóplia de inconvenientes, sobejamente conhecidos, que isso comporta.

Ora, se um tal procedimento é genericamente declinável, mais me parece desaconselhar-se numa área em que, pelo melindre singular do objecto sobre que incide e pela multiplicidade e afectação dos interesses que abarca, mais se reclama eficiência, certeza e segurança.

Não é, todavia, preciso um esforço ciclópico para detectar no Código a expressão dos expedientes a que me estou referindo.

Assim, no que respeita ao recurso a conceitos vagos e imprecisos, anoto, a título de exemplo, o que se passa com o art.º 3.º, traduzido no apelo ao «justo valor» [n.º 3, al. a)], e à perspectiva de maior probabilidade de continuidade ou de liquidação da empresa [n.º 3, al. b)], temática que, aliás, ainda merecerá outra atenção.

E também sublinho, entre outros, os art.ºs 133.º, a propósito do «local mais adequado» para a patenteação de documentos pelo administrador da insolvência; 199.º, a respeito da «contrapartida adequada»; 207.º, acerca da referência à inverosimilhança manifesta de próxima homologação do plano de insolvência pelo juiz – aqui, no entanto, com a curiosidade de o decisor se pronunciar sobre a sua própria crença –; e o art.º 215.º, quanto à não negligenciabilidade de regras procedimentais ou normas aplicáveis ao conteúdo do plano.

No que se refere à utilização de noções em sentido impróprio, cito, também exemplificativamente, o art.º 50.º, o art.º 103.º, e o art.º 192.º, n.º 1.

Por isso, deixo este reparo preliminar, na convicção de que pode residir aqui um obstáculo de algum significado à eficaz consecução dos objectivos proclamados.

6. É altura, então, de avançar na identificação de alguns dos aspectos concretos do CIRE que darão azo a maior polémica.

Para tanto, e em função do que ficou dito, procurarei colocar-me no plano do pensamento legislativo, sem cuidar da sua razoabilidade. E para melhor ordenação e compreensão da exposição, as questões suscitadas serão abordadas e agrupadas em razão da temática em que se integram.

Situemo-nos, em primeiro lugar, no âmbito dos objectivos gerais da nova lei e dos instrumentos e mecanismos concebidos para os alcançar.

Conquanto a redacção do preceito não possa considerar-se particularmente feliz para apoiar literalmente esta asserção[2], o art.º 1.º tem de ser entendido com o sentido de afirmação da satisfação do interesse dos credores como fim único do processo de insolvência, a qual, por sua vez, é conseguida à custa da liquidação universal do património do devedor insolvente ou, alternativamente, pela forma prevista num plano de insolvência, que os próprios credores venham a aprovar em conformidade com o Código.

É isto mesmo que se declara, de modo peremptório, no n.º 3 do preâmbulo do diploma que aprovou o CIRE.

Aí se reconhece também – n.º 13 –, que uma das causas de insucesso, já bem experimentadas na vigência da lei anterior,

---

[2] Afirma-se, taxativamente, na primeira parte, que o processo tem por finalidade «a liquidação do património de um devedor insolvente e a repartição do produto obtido pelos credores».

reside no tardio início do processo, que o legislador atribui predominantemente, seja ao facto de o devedor não ser suficientemente penalizado pela não atempada apresentação, seja à negligência dos credores.

Pondera o texto que «uma lei da insolvência é tanto melhor quanto mais contribuir para maximizar *ex post* o valor do património do devedor sem por essa via constituir *ex ante* um estímulo para um comportamento negligente».

Neste quadro, o CIRE actua em duas direcções complementares: revaloriza o dever de apresentação do insolvente, ligando ao incumprimento consequências gravosas (cfr. art.ºs 18.º, n.ºs 1 e 3, e 185.º e segs.)[3]; e incentiva a iniciativa dos credores para a eventualidade de o devedor não agir.

Para alcançar este último desiderato, promove-se o alargamento do rol de factos presuntivos da insolvência, que podem fundamentar o pedido, recupera-se o efeito cominatório característico da falta de oposição em processo civil, e vai-se ao ponto de conceder um privilégio mobiliário ao credor requerente quando, na sequência do pedido, a insolvência seja decretada (*vd.* art.ºs 20.º, n.º 1, 30.º, n.ºs 2 e 3, 35.º, n.º 2, e 98.º).

Intenta-se, assim, acelerar a resolução dos problemas que resultam de situações de penúria.

Acontece que há diversos pontos sensíveis do regime que não se adequam à consecução do desiderato legal. Refiro-me, concretamente, ao que ocorre em sede da apreciação liminar do requerimento inicial, ao destino do processo em caso de maior míngua de bens e ao tratamento dos créditos do Estado, autarquias locais e instituições de segurança social, beneficiários de privilégios e garantias.

Da concatenação dos art.ºs 24.º e 27.º, resulta que, na eventualidade de o devedor apresentante não instruir a petição

---

[3] Só não estão sujeitos ao dever de apresentação «as pessoas singulares que não sejam titulares de uma empresa na data em que incorram em situação de insolvência» (*ex vi* do n.º 2 do citado art.º 18.º).

com os documentos que a devem acompanhar e que ele está obrigado a juntar, e não suprir a irregularidade em cumprimento de despacho de aperfeiçoamento, o juiz deve indeferir o pedido.

A verdade é que nada se ganha com semelhante radicalismo, que nem sequer se justifica pela natureza da falta.

Sublinho que a generalidade dos documentos exigidos ao devedor serve apenas para facilitar actos que terão lugar no devir processual, mas não interfere com a apreciação da situação de insolvência que, de resto, no caso, se tem por reconhecida pelo próprio devedor (art.º 28.º).

Por outro lado, há aqui uma desigualdade flagrante com a situação em que a insolvência é requerida por outro interessado, sendo certo que aí, mesmo que o devedor citado não junte os documentos que lhe cabem, o processo não fica inviabilizado.

Tanto basta para que o indeferimento referido possa ser remediado pela iniciativa processual sucessiva de credores ou outros legitimados, suposto que ocorra efectiva situação de insolvência.

Em todo o caso, a opção adoptada redunda em mero arrastamento da situação, o que não se deseja nem se estima.

Entretanto, se, previamente à prolação da sentença declaratória da insolvência, o juiz conclui que o património do devedor não é presumivelmente suficiente para a satisfação das custas do processo, adicionadas às dívidas previsíveis da massa insolvente, é aplicável o disposto no art.º 39.º.

Sem apreciar agora a sensatez do mecanismo que permite desconsiderar a extrema penúria e sustentar o prosseguimento normal do processo, e admitindo que ninguém dele lança mão, seguem-se as consequências do n.º 7 do preceito indicado.

Do mesmo passo, por determinação do n.º 4 do art.º 234.º, quando o processo em que é insolvente uma sociedade encerra por insuficiência da massa, detectada *ab initio* ou só em fase mais avançada dos autos (cfr. art.º 232.º), a liquidação da sociedade prossegue nos termos gerais, o que significa que a sociedade insolvente subsiste para além do próprio processo, com as contingências daí advenientes.

Em qualquer das hipóteses, avulta a circunstância de o processo não constituir resposta satisfatória para a situação sobre que incide, podendo muitas vezes frustrar-se o intuito da apresentação.

Convenho em que o impacto não será frequentemente preocupante, mas não creio que o resultado seja conforme com o sistema.

Bem mais incoerente é o regime de privilégios e garantias do Estado, autarquias locais e instituições de segurança social, que se acolhe no art.º 97.º. Em síntese, e naquilo que aqui interessa, comina-se, por efeito da prolação da sentença declaratória, a extinção dos privilégios gerais e especiais acessórios dos créditos sobre a insolvência que se hajam constituído ou vencido mais de doze meses antes da data do início do processo, bem como a extinção de hipotecas legais, cujo registo tenha sido pedido no período de dois meses anteriores ao mesmo acontecimento.

Na versão original do CPEREF, numa medida então genericamente muito saudada e encomiada pelo próprio legislador, tinha-se determinado a extinção absoluta, com a declaração de falência, de todos os privilégios destes tipos de entidades, independentemente de serem gerais ou especiais.

Na versão de 1998, houve um reajustamento do art.º 152.º do CPEREF, mas o princípio manteve-se incólume quanto aos privilégios constituídos antes do início do processo de falência ou de recuperação da empresa, quando este o tivesse precedido.

A lei nada dizia acerca do destino das hipotecas legais.

Ora, ao menos no que respeita aos privilégios, é claro o recuo.

Curiosamente, no preâmbulo do diploma de aprovação, o novo regime é ainda apontado como estímulo para que os credores titulares ajam atempadamente (n.º 14).

Mas não se vê que assim deva ser entendido e nem como a medida se articula razoavelmente com os ditames da apresentação.

Com efeito, para lá da comparação com o direito anterior – e sublinhe-se que, estando apenas em causa os privilégios e garantias que beneficiam créditos sobre a insolvência, o CIRE coincide, quanto ao âmbito de aplicação, com o CPEREF na sua última versão –, bastará ter presente a nova regra sobre as hipotecas legais para se perceber como o alcance é limitado. Na verdade, sendo o factor determinante da extinção o momento de apresentação do pedido de registo, podem ficar garantidos créditos nascidos em qualquer altura, mesmo muito antes da abertura da instância.

Já se vê que, pelo menos quem possa beneficiar da hipoteca, não tem nenhum incentivo a desencadear a acção.

Acresce que, presumindo-se, de forma inilidível, o conhecimento, pelo devedor titular de uma empresa, da situação de insolvência, sempre que se verifique o incumprimento generalizado de dívidas tributárias e de contribuições e quotizações para a segurança social (art.º 18.º, n.º 1), o mais razoável seria impor também aos credores destas dívidas, pela sua especial natureza e posição, o requerimento da insolvência do devedor, sob pena de, no mínimo, serem afectadas as garantias de que os correspondentes créditos possam ser beneficiários.

Não se esqueça que a comunidade dos credores não tem sequer, por regra, acesso ao conhecimento da situação fiscal e contributiva dos devedores, salvo na medida em que se evidencie em documentos publicitados.

Por isso, a intervenção dos entes públicos, para além da função reparadora geral, constitui também um factor relevante de alerta para eles e um contributo para a maior igualização entre todos.

Sublinho ainda que a pretensão de encontrar saídas rápidas para quem está em crise é prejudicada pelo facto de não se admitir aos credores a iniciativa de abertura do processo com fundamento na insolvência iminente (cfr. art.º 3.º, n.º 4).

7. A satisfação dos interesses dos credores visada com o processo de insolvência é alcançada, como se viu, por uma de duas vias: a liquidação universal do património do devedor, ou as formas alternativas estipuladas num plano de insolvência aprovado pelos credores, que pode revestir modalidades diversas, desde o simples estabelecimento de regras particulares de liquidação distintas das do modelo legal, à adopção de providências de recuperação da empresa que integre o acervo de bens do insolvente, reescalonamento de activos e passivos e outras.

Faz-se questão de afirmar, com carácter peremptório, que a lei não tem nenhuma preferência por qualquer das alternativas, limitando-se a estabelecer um procedimento supletivo para vencer a inércia, deixando, no entanto, nas mãos dos credores a palavra final sobre o modo como querem tutelar os seus direitos.

Em termos conceptuais é, assim, sem dúvida, e o legislador desenhou e disponibilizou mecanismos direccionados para a concretização do princípio e adoptou medidas diversas e importantes que lhe dão corpo. Estão neste campo, entre diversas outras, a flexibilidade do conteúdo do plano e da maioria necessária à respectiva aprovação, que, pelo seu impacto e consequências, merecem ser destacadas.

O pior é que, paralelamente, se impõem limitações e obstáculos que condicionam fortemente – quando não mesmo frustrem – a margem de manobra dos credores e a probabilidade da auto-regulação dos seus interesses.

A maior adversidade provém do que se consigna no art.º 209.º, n.º 2. Exige-se a verificação cumulativa de quatro requisitos para que a assembleia de credores possa reunir com o objectivo de deliberar sobre uma proposta – ou sobre as propostas – de plano de insolvência que tenha sido apresentado. É, então, necessário que esteja transitada em julgado a sentença declaratória da insolvência, proferida a sentença de verificação e graduação de créditos, esgotado o prazo para a interposição de recurso desta e realizada a assembleia de apreciação do relatório, a que se referem os art.ºs 36.º, al. *n)*, e 156.º.

Os dois requisitos indicados em último lugar não merecem que nos preocupemos com eles. Quanto à assembleia de apreciação do relatório, só em situações marginais e, decerto, sem relevo, é que é concebível que tenha lugar depois de decorrido o prazo de interposição de recurso da sentença de verificação e graduação de créditos, atentas as disposições combinadas dos art.ºs 36.º, als. *j)* e *n)*, e 128.º e seguintes. Por isso, bem se pode dizer que a exigência que lhe respeita é normalmente consumida pelas outras e bom seria que, em algum caso, se tivesse de aguardar pela conclusão dessa reunião para que os credores pudessem então deliberar sobre o plano, sinal de um decurso fulminante do processo. Relativamente à necessidade de aguardar o esgotamento do tempo de recurso, ela nada de importante adianta à de esperar pela prolação da sentença recorrível.

A questão fundamental reside nos outros dois requisitos.

É verdade que o Código procura agilizar os passos que conduzem ao seu preenchimento. Mas nisto não é substancialmente diferente das leis que o precederam.

Mostra, porém, a experiência da vida que, nomeadamente no que respeita ao proferimento da sentença de verificação e graduação de créditos, amiudadamente ele acontece muito tempo transcorrido após o início do processo.

Ora, nada permite antecipar que as coisas mudem.

Repare-se que este momento processual varia muito de caso para caso, em função das circunstâncias, designadamente das impugnações que tenham sido deduzidas e, em qualquer caso, do número e tipologia dos créditos a verificar e graduar.

Mas pode até prever-se que a simples exigência da sentença como *conditio sine qua non* da reunião dos credores incentive alguns menos escrupulosos a lançar mão de expedientes dilatórios, porque pretendem evitar o recurso a meios alternativos à liquidação universal do património do devedor, ou simplesmente aproveitem para pressionar os interessados de modo a alcançar uma situação de favor.

Sabe-se também, dos ensinamentos do quotidiano, como o arrastar do tempo é desmobilizador de energias e muitas vezes inviabiliza soluções diferentes que, aplicadas em certo momento anterior, podiam até ser especialmente benéficas.

E isto, que é um dado comum e universal, ganha maior acuidade quando está em causa o exercício de uma actividade empresarial.

É sobretudo nesta hipótese, e quando se intente a viabilização da empresa, que mais pernicioso se mostra o regime do art.º 209.º e mais legítimo se torna interrogar se, verdadeiramente, a liquidação universal do património segundo o modelo do Código e a auto-regulação dos interesses dos credores pela via alternativa da adopção de um plano de insolvência estão, realmente, no mesmo patamar.

Sublinho que, à vista das exigências da lei, se ultrapassará muitas vezes o prazo que o art.º 53.º do CPEREF fixava como limite para a aprovação de providências recuperatórias da empresa, sem que a assembleia de credores possa, sequer, reunir para deliberar a propósito. E aquele prazo, se, por um lado, evitava a eternização do provisório, por outro assentava na ideia de que o arrastamento desse estado para lá de certo limite constitui, nas mais das vezes, verdadeira certidão de óbito da empresa.

Pelas razões expostas, recomendo uma interpretação cautelosa do art.º 210.º, apenas com o sentido de exigir que quaisquer propostas de alteração do plano não divulgadas anteriormente pelos credores com antecedência idêntica à da convocação da assembleia, apresentadas por entidade diferente do proponente ou que, mesmo provenientes dele, contendam com «o próprio cerne ou estrutura do plano ou com a finalidade prosseguida», imponham a realização de outra reunião da assembleia para garantir a necessária ponderação e evitar manobras e constrangimentos de última hora que não favorecem a decisão discernida e livre.

Mas não estou seguro de podermos ficar abrigados de interpretações mais radicais, que vejam no preceito o único título para permitir a modificação do plano apresentado, a que eu próprio, confesso, já fui tentado.

Se assim fosse, aqui estaria então mais uma contrariedade de tomo.

Mas, mesmo respondendo como sugiro, ainda fica o problema da legitimidade para propor modificações, designadamente à vista do que se requer, no art.º 193.º, para a apresentação de propostas do próprio plano.

Ainda um obstáculo, mesmo que menor, é a faculdade atribuída ao administrador da insolvência de, confrontado com a determinação da assembleia para que elabore um plano, no quadro das competências que cabem ao colectivo de credores (*vd., v.g.*, o art.º 156.º, n.º 3), renunciar ao exercício do cargo se não lhe for fixada remuneração com que concorde (art.º 60.º, n.º 3), o que, aliás, me parece, de todo insustentável nos casos em que o administrador integre as listas oficiais.

Embora a questão esteja longe de poder considerar-se pacífica, pugno, aliás, por que este dispositivo não seja extensivo ao caso de nomeação pelo juiz.

Deve-se dizer que a exigência do art.º 209.º, n.º 2, pode conduzir a situações bizarras, incompatíveis com a filosofia geral do Código. Tenha-se presente o que vai determinado no n.º 2 do art.º 193.º e, sobretudo, nos art.ºs 156.º, n.º 4, 224.º, n.º 2, al. *b)*, e 228.º, n.º 1, al. *e)*. Por um lado, reivindica-se celeridade na apresentação do plano, e condiciona-se a continuidade da administração do devedor e a suspensão da liquidação à satisfação desses desideratos. Mas, por outro, apresentado que seja o plano, permite-se que a situação se protele sem que aos credores seja possível sequer, pronunciar-se, já podendo então manter-se o *status quo ante*.

8. Fazendo algum jus à denominação do Código, e mesmo abandonando o que se qualifica de errónea ideia quanto à suposta prevalência da via da recuperação, deixando aos credores uma significativa margem de intervenção (cfr. n.º 6 do Preâmbulo do diploma de aprovação), consagram-se medidas importantes que criam condições à continuidade da empresa. Destacam-se, nesta sede, e embora em momentos e planos distintos, por um lado, os art.ºs 156.º e 157.º e, por outro, o art.º 162.º.

Sem prejuízo de tudo quanto acima ficou dito, isto vai ao encontro da afirmação da parte final do art.º 1.º, permitindo aos credores que, em definitivo, assumam o que desejam em função do que entendem mais apropriado à tutela dos seus interesses; e isso, realmente, pode passar pela manutenção da empresa. Do mesmo modo, sobressaem a possibilidade de a administração se manter a cargo do devedor e de, nessa hipótese, tal como quando o juiz o decida a pedido do proponente de um plano ou a assembleia o delibere na sequência do cometimento ao administrador da tarefa de o apresentar, se suspender a liquidação e partilha da massa (art.ºs 223.º a 225.º, 206.º e 156.º, n.º 3), embora nestas duas últimas hipóteses a suspensão da liquidação não seja exclusiva dos casos em que há empresa.

Neste quadro, tenho muitas dúvidas sobre a bondade da qualificação imperativa e com carácter universal das dívidas emergentes da administração da massa insolvente como dívidas dela própria, com a consequência da precepuidade com relação a todos os denominados créditos sobre a insolvência, ainda que estes estejam assistidos de privilégios ou beneficiem de garantias [*vd.* art.ºs 46.º, n.º 1, e 56.º, n.º 1, als. *c)* e *d)*].

Na verdade, a recuperabilidade da empresa, tal como a susceptibilidade de a alienar como um todo, dependem, muitas vezes, de ela se manter em actividade e, por seu turno, isto supõe a incorrência em custos e a contracção de obrigações não desprezíveis.

Parece apodíctico dizer que, exactamente porque assim é, natural é que essas dívidas, porque afinal necessárias à exponenciação da satisfação dos credores da insolvência, sejam suportadas com prevalência às da própria insolvência, à custa da massa.

A contestação, no entanto, é óbvia. Antes de poder beneficiar os credores – o que é uma eventualidade –, essa situação prejudica-os, porquanto vêem figurar à sua frente um acervo de créditos com que nem sequer concorrem e que pode ser suficiente para frustrar efectivamente, ao menos de modo parcial, a sua expectativa, nomeadamente quando se trate de credores garantidos.

Repare-se, aliás, que o facto de se estar perante um insolvente pode indiciar que, nas condições em que funciona, a empresa por ele titulada seja fonte de prejuízos correntes.

Daí a tentação de promover o encerramento da empresa, o que não deixará, em muitos casos, de representar uma perversidade do regime.

Quer isto dizer que as agora qualificadas dívidas da massa deveriam ceder necessariamente perante os créditos sobre a insolvência ou, no limite, concorrer com eles nos termos gerais?

A resposta é negativa, porquanto, dessa forma, estaria também criado, embora por via inversa, um obstáculo à continuidade da empresa, de dimensão idêntica ao que agora ocorre.

Mas suponho que, pelo menos com relação às dívidas anteriores garantidas ou privilegiadas, se justificaria que a prevalência das contraídas *ex novo* na exploração da empresa ficasse subordinada à sindicância e autorização do tribunal, em parte à semelhança do que, no domínio do CPEREF, acontecia com as dívidas assumidas no decurso do processo de recuperação (cfr. art.º 65.º do CPEREF).

Ainda em defesa do mesmo objectivo, creio que, mantendo embora o princípio estabelecido na lógica do CIRE, teria sido preferível flexibilizar um pouco mais a atribuição da administração da massa, mesmo limitada, ao próprio devedor, no caso de o património integrar uma empresa, nomeadamente por solicitação do próprio administrador da insolvência.

Temo, na verdade, que a multiplicidade de outras atribuições que lhe cabem no quadro do processo, pelo menos até à apreciação do relatório – e, depois dela, se for o caso de elaboração de um plano, até à respectiva apresentação –, impossibilitem o administrador de gerir adequada e eficientemente a empresa, assegurando a sua efectiva continuação em actividade, sobretudo nos casos de maior dimensão e complexidade.

E não posso deixar de recordar que, mesmo quando a administração do património do devedor se transfere com a declaração de insolvência, os órgãos sociais do devedor – sendo o caso – mantêm-se, em princípio, em funções (art.º 82.º, n.º 1).

9. Consideremos agora a área relativa aos pressupostos do processo.

Também aqui houve novidades importantes, quer no plano dos pressupostos objectivos, como no dos subjectivos, tema que, compreensivelmente, o preâmbulo do diploma de aprovação do CIRE não deixou escapar, realçando-o nos seus números 18 e seguintes.

Concentremos, então, a atenção nos pressupostos objectivos.

Tendo terminado a dicotomia das espécies processuais e a pluralidade de fins que caracterizavam o regime pregresso, é natural que a lei tenha procedido, paralelamente, à condensação dos pressupostos objectivos, exigindo agora apenas um, a verificação de uma situação de insolvência, que, de acordo com o n.º 1 do art.º 3.º, caracteriza genericamente como a impossibilidade de cumprimento, pelo devedor, das suas obrigações vencidas.

Mas a lei admitiu dois ajustamentos significativos ao princípio.

Um, para os devedores em geral, independentemente da sua natureza e características, fazendo equivaler a impossibilidade actual à iminente, para fundamentar a apresentação do insolvente (art.º 3.º, n.º 4); outro, restrito às pessoas colectivas e patrimónios autónomos, por cujas dívidas nenhuma pessoa singular responda pessoal e ilimitadamente, por forma directa ou indirecta, considerando-os insolventes quando o respectivo passivo seja manifestamente superior ao activo, mesmo que não tenham manifestado a insusceptibilidade de satisfazer pontualmente os respectivos compromissos (art.º 3.º, n.º 2).

Pelas razões que seguidamente exponho, não creio que as soluções da lei tenham sido as melhores.

A fundamentação do processo de insolvência na impossibilidade iminente de satisfação de dívidas vencidas insere-se na preocupação genérica de antecipar remédio para situações de crise ou penúria patrimonial do devedor, na convicção de que, assim agindo, se contribui para minorar o sacrifício dos credores.

Ora, quanto a isto não há nenhum reparo a fazer.

Acontece que, em bom rigor, a regra do n.º 4 talvez não fosse sequer necessária para atingir o objectivo limitado que se propõe, face ao regime que o Código consagra para a declaração de insolvência no caso de apresentação do devedor (cfr., sobretudo, o art.º 28.º).

O pior é que o preceito tem por corolário excluir a iniciativa processual dos credores e outros legitimados no caso em que a impossibilidade de cumprimento do devedor para honrar as suas obrigações vencidas ainda não se concretizou efectivamente, embora se tenha já desenhado em termos de, com toda a probabilidade, se verificar a breve prazo.

A meu ver, o objectivo de procurar, o mais cedo possível, uma solução para a miséria do devedor, que bem justifica que o devedor se apresente ainda antes de ter deixado de cumprir, igualmente legitimaria o direito dos credores a recorrer a juízo quando, na omissão do devedor, pudessem demonstrar a impossibilidade iminente dele de pagar atempadamente.

Quanto à relevância atribuída à discrepância negativa entre os valores do passivo e os do activo, recupera-se, em parte, o que se acolhia na vigência do Código de Processo Civil (art.º

1174.º, n.º 2), com a ampliação do âmbito de aplicação, que se explica pela diversa formulação do instituto.

No domínio do CPEREF, sustentei, *de iure condendo*, que a lei, diferentemente do que fazia, deveria ter considerado a hipótese de recurso aos processos de recuperação ou de falência quando o devedor, apesar de estar a cumprir, apresentasse uma acentuada desproporção negativa entre o activo e o passivo (*in Código dos Processos Especiais de Recuperação da Empresa e de Falência*, Luís A. Carvalho Fernandes e João Labareda, 3ª ed., 2ª reimp., Quid Juris, Lisboa, 2000, pág. 85). Não tenho, por isso, nenhuma reserva à inovação legislativa *qua tale*.

Sucede, todavia, que, decerto com o intuito nobre de evitar insolvências excessivas e infundadas, o CIRE optou por conceder ao devedor a faculdade de, confrontado com um processo da iniciativa de credores ou outros legitimados, baseado na insuficiência manifesta do activo, demonstrar que o seu acervo patrimonial é diferente do que «aparenta», desde que a avaliação se faça em obediência aos critérios definidos nas alíneas do n.º 3.

Mas é, precisamente, neste campo que afloram dificuldades sérias na aplicação da lei que, a meu juízo, deveriam ter sido evitadas, já pela singular sensibilidade das questões em causa, já pelo especial melindre do momento processual em que se discutem e dos meios disponíveis para o efeito.

Vejamos mais de perto.

O primeiro critério em que pode repousar a reavaliação do património do devedor consta da al. *a)*, do n.º 3, do indicado art.º 3.º: «consideram-se no activo e no passivo os elementos identificáveis, mesmo que não constantes do balanço, pelo seu justo valor».

Diversamente do que foi inicialmente projectado, é claro que a reavaliação pode incidir, indistintamente, sobre elementos do activo ou do passivo, e, conjuntamente, sobre uns e outros.

Exige-se então que se trate de elementos identificáveis, para que possam ser objecto de reponderação, mas prescinde-se de que constem do balanço.

Eis os primeiros obstáculos.

Falta, antes de mais, um contributo da lei para a determinação do que deva considerar-se elemento identificável, embora seja certo que estaremos sempre em presença de realidades com tradução pecuniária, visto que integram, por definição, o património do devedor.

A este propósito, e visto também o que se dispõe na alínea seguinte, suponho que se apela a componentes concretos e conhecidos do acervo do demandado.

Admite-se, no entanto, que esses elementos a ter em conta não transpareçam do balanço, o que resulta linearmente da utilização da locução adversativa «mesmo que», de que o texto legal lança mão.

A lei não estabelece qualquer distinção em razão dos motivos pelos quais os elementos a ponderar faltam no balanço, tanto fazendo pois que isso ocorra por as normas contabilísticas não permitem a inscrição, como por a escrita não estar devidamente elaborada.

Ora, no caso de infracção aos deveres relativos à escrita, é manifesto o benefício do infractor, sendo certo que a omissão da devida contabilização é, ela própria, recorrentemente, um expediente de prejuízo e de fraudação dos credores.

De todo o modo, porém, estejam ou não os elementos no balanço, aceita-se que eles sejam revalorizados pelo seu *justo valor*, parecendo óbvio que para o obter não há que obedecer estritamente a regras de contabilidade o que, aliás, a ser devido, constituiria uma verdadeira *contraditio in terminis*, pois frustraria a própria possibilidade de reapreciação de elementos irrepreensivelmente constantes do balanço, face ao que já consta da estatuição do n.º 2 do art.º 3.º.

Pois bem, a verdade é que nada se diz acerca do modo de chegar ao dito *valor justo* e de quem o determina.

Já se intuem os embaraços.

Caberá dizer que, nos casos em que haja critérios legais imperativos a respeitar na avaliação, eles deverão ser cumpridos. Será o que sucede quanto a metais preciosos ou a valores mobiliários cotados em mercado regulamentado. Pode enquadrar-se também aqui a observância do princípio nominalista quando aplicável.

Este aspecto revestirá, designadamente, particular importância quanto às obrigações do devedor com expressão fixada em dinheiro, que não podem ser calculadas senão pelo que nominalmente lhes corresponder[4]. Advirta-se, aliás, que outra ponderação das dívidas, que lhes abatesse o valor em razão do que os titulares dos créditos correspondentes poderão expectavelmente receber, conduziria sempre ao equilíbrio entre as forças opostas da balança patrimonial do devedor, o que, manifestamente, inutilizaria a possibilidade de decretação da insolvência com base na inferioridade do passivo, conclusão que é contrária ao pensamento legislativo.

Para além disto, restará o recurso ao valor do mercado, o que, sublinhe-se, vai ao encontro do espírito que norteou a nova lei, segundo o que se percebe do que, uma vez mais, é declarado no preâmbulo do diploma que aprovou o Código (*vd.*, n.º 3).

Ficará ao juiz o papel ingrato de decidir, à vista da prova que lhe for apresentada. Mas ainda aqui sobrarão, decerto, dificuldades sérias, face às exigências da lei quanto ao ritmo processual e ao que isso implica em termos de tempo e de profundidade para a produção de prova técnica, que seria, frequentemente, a mais indicada à consecução dos objectivos em questão (cfr. art.ºs 29.º, 30.º e 35.º).

---

[4] Ainda que se possa admitir o reajustamento do valor nominal de dívidas ainda vincendas à data presumível da declaração de insolvência, se ela viesse a ocorrer e pudesse ser aplicado o regime do art.º 91.º, n.ºs 2 e seguintes.

10. As coisas não melhoram se nos ativermos ao que dispõe a al. *b)* do n.º 3, que comporta o segundo critério atendível na reavaliação do património do devedor, relativamente à qual sobejam motivos de preocupação.

Assentemos em que só está em causa a valorização da empresa que integre o conjunto patrimonial do devedor, e não quaisquer outros elementos que dele façam parte, mas que sejam estranhos à actividade empresarial.

Confesso não vislumbrar que motivos podem objectivamente estribar a convicção de que é mais provável a continuidade da empresa ou o seu encerramento e quem deve assumir esse juízo, numa altura em que a insolvência não está declarada e o tribunal não dispõe de dados que permitam razoavelmente emiti-lo.

Alerto para o facto de, segundo a própria filosofia do Código, a existência de uma empresa não constituir nenhum factor que garanta, sequer, a opção por uma alternativa ao procedimento supletivo da liquidação universal, no sentido de intentar a sua viabilização, o que, de resto, a ter lugar, só se decidirá muito mais tarde e em circunstâncias substancialmente diferentes [cfr. *v.g.* os art.ºs 155.º, n.º 1, al. *c)*, 156.º, n.ºs 2 e 3, 209.º, n.ºs 1 e 2, e 212.º, n.º 1].

Mas tenho também presente que, verdadeiramente, só faz sentido admitir agora a continuidade da empresa nas mãos do próprio empresário, pois, de outra forma, pressupõe-se a declaração de insolvência e é precisamente o respectivo pressuposto que se pretende apurar, concedendo, exactamente, ao devedor a faculdade de demonstrar que ele não existe, pelo recurso à reavaliação do seu património, em termos de evidenciar que o activo é superior ao passivo.

Por assim ser, parece-me de excluir a possibilidade de invocar o regime do art.º 162.º, n.º 1, para aí procurar fundar a ideia de que a continuidade da empresa é mais provável do que a liquidação, resultado a que, em boa verdade, sempre se chegaria pela mera ponderação do significado da última parte da al. *b)*, do n.º 3, do art.º 3.º *sub iudice*.

Eis porque se abre aqui uma poderosa frente de incertezas, cujo esclarecimento, seguramente, a doutrina e a jurisprudência intentarão, mas que, segundo creio, deveriam ter sido prevenidas, a benefício dos superiores interesses da celeridade, eficiência e atempada procura de soluções estáveis, assumidamente procuradas pelo Código.

11. Detenhamo-nos agora no capítulo da orgânica da insolvência. Trata-se de mais um sector onde se verificaram alterações sensíveis.

As matrizes nucleares da disciplina legal encontram-se na intersecção de duas ideias força do próprio CIRE, a saber: a conferência aos credores do poder de decidir os destinos do processo e controlar a actividade desenvolvida no seu seio; e a introdução de mecanismos vocacionados para assegurar a maior eficácia à administração da massa insolvente e, quando seja o caso, à sua liquidação, de acordo com o modelo supletivo do Código.

A isto acresce a intenção de desjudicialização procurada pela via do reenquadramento do papel do juiz, centralizado essencialmente na função de julgar a insolvência, decidir sobre créditos reclamados e garantir a legalidade do processo em todo o seu percurso.

Este objectivo reveste, todavia, um carácter predominantemente instrumental em relação à segunda linha mestra da estruturação da orgânica que ficou assinalada.

Quanto ao reposicionamento do papel dos credores, ele assenta em variados vectores, dos quais o mais inovatório e significativo é a institucionalização da assembleia de credores como órgão permanente do processo, com um leque vasto de poderes, que vão desde o de vigiar a actuação do administrador, podendo obter dele as informações julgadas necessárias, até à possibilidade de, por regra, substituir a comissão de credores no exercício das competências que a esta normalmente cabem, e de revogação, a todo o tempo, e sem necessidade de justa causa – embora, naturalmente, com respeito pelos efeitos produzidos –, das deliberações da comissão de credores.

Além disso, avulta ainda a faculdade de escolher um administrador da insolvência diferente do inicialmente designado pelo juiz, bem como a de alterar o que o tribunal tenha decidido acerca da existência e composição da própria comissão de credores.

Relativamente à dinamização dos procedimentos com vista à consecução da finalidade do processo, reequacionou-se a panóplia de poderes do administrador, libertando-o da tutela de qualquer outro órgão e do próprio tribunal, conferindo-lhe uma larga margem de autonomia no exercício.

Sem embargo de convir em que a concorrência dos dois propósitos é geradora de conflitos nem sempre fáceis de resolver, assinalo a inegável predominância da tutela dos credores, que se legitima na titularidade dos interesses que o processo de insolvência visa, declaradamente, satisfazer. Decisivo é que se cultive a moderação e se previna a arbitrariedade.

Descortino, no entanto, algumas soluções menos compreensíveis ou mesmo excessivamente arrojadas.

O primeiro ponto controverso tem a ver com as limitações impostas aos credores quanto à escolha de um administrador substituto do que inicialmente foi nomeado pelo tribunal, na sentença declaratória da insolvência.

Na versão original do CPEREF, a lei, rompendo com o regime anterior, numa inovação que o próprio legislador sublinhou e a doutrina aplaudiu, conferiu aos credores um papel decisivo na escolha, conforme os casos, do gestor e do liquidatário judicial, cominando ao juiz o dever de, na nomeação, levar em conta as propostas por aqueles feitas, salvo se a escolha se mostrasse impossível ou inconveniente, não estando, no entanto, a indicação sujeita à inclusão do indicado em nenhuma lista pré-definida (art.ºs 32.º e 132.º daquele diploma legal, na sua redacção primitiva).

Com a revisão operada pelo Decreto-Lei n.º 315/98, de 20 de Outubro, verificou-se um retrocesso, que se traduziu na exigência de que tanto o gestor judicial como o liquidatário pertencessem necessariamente à lista oficial respectiva.

No projecto inicial do novo Código, construiu-se uma arquitectura que assentava nos seguintes pilares: a nomeação inicial cabia ao tribunal de entre entidades inscritas na lista oficial, devendo o juiz levar em conta as indicações recebidas do requerente e, se não fosse ele, do devedor; admitiu-se, porém, a substituição incondicional do administrador inicialmente nomeado por deliberação da primeira assembleia de credores reunida após a nomeação do tribunal, podendo a escolha recair em pessoa não integrante da lista oficial.

A solução final do CIRE, consagrada nos art.ºs 52.º e 53.º, retoma a do Projecto inicial, mas introduziu-lhe uma modificação importante, que consistiu no facto de limitar a escolha pelos credores, a qual só pode incidir sobre pessoa não inscrita na lista oficial em casos devidamente justificados por qualquer uma das circunstâncias exaustivamente enumeradas no n.º 2 do referido art.º 53.º [5].

---

[5] Vale a pena salientar a seguinte incongruência da lei.

Tanto no Projecto, como no texto definitivo, manda-se atender, na primeira nomeação, às indicações da comissão de credores, se existir (art.º 52.º, n.º 2).

Acontece que o administrador é nomeado na sentença declaratória de insolvência, conforme resulta do art.º 36.º, al. c).

Antes dela, porém, não existe comissão de credores, que também só pode ser constituída por determinação da sentença ou por decisão posterior (*ex vi* do art.º 66.º, n.º 1).

De sorte que não se vê como possa o juiz atender, para a escolha do administrador judicial, observações provenientes da comissão de credores que é um órgão que não existe.

Tal como já tinha sustentado a propósito da revisão do CPEREF de 1998, julgo que estamos aqui em presença de opção injustificada.

Reitero o que então subscrevi. Se é certo que a inserção na lista constitui penhor da idoneidade dos inscritos, isso não exclui que, fora dela, se multipliquem entidades capazes de, com a mesma competência e imparcialidade, exercerem o cargo.

Ora, quando se pretende que os credores sejam os decisores primeiros do destino do processo, cuja finalidade única é a satisfação dos seus interesses, não se vê razão para coarctar a possibilidade de escolherem quem querem para o exercício do cargo de administrador, tanto mais que sempre fica reservada ao juiz a faculdade de recusar a nomeação do escolhido se considerar que é pessoa sem idoneidade ou aptidão bastante ou, simplesmente, que é excessiva a retribuição que lhe tenha sido fixada (cfr. art.º 53.º, n.º 3).

Mais delicada é, no entanto, a situação que decorre do estatuto do administrador.

Afastando-se de soluções anteriores, e com o objectivo de conferir eficiência à respectiva actuação, o Código orientou-se no sentido da afirmação da autonomia do administrador, que não está, por regra, dependente da intervenção de qualquer outro órgão ou entidade para o exercício das suas funções, impondo-se somente que, nos termos legalmente previstos, preste ao juiz, à assembleia e à comissão de credores, quando exista, as informações que lhe sejam solicitadas.

Subtraindo a actividade do gestor à dependência do tribunal, a lei opera, num domínio especialmente relevante, aquilo que designa por *desjudicialização* do processo.

Na mesma esteira, falta no Código um preceito que preveja a impugnabilidade judicial dos actos do administrador ou sustente o impedimento da sua prática. E, se alguma dúvida houvesse sobre o sentido desta omissão, ela esclarece-se na parte final do n.º 10 do preâmbulo do diploma que aprovou o Código, onde, precisamente, se realça a impossibilidade de impugnar junto do juiz «tanto as deliberações da comissão de credores (que podem, não obstante, ser revogadas pela assembleia de credores), como os actos do administrador da insolvência (sem prejuízo dos poderes de fiscalização e de destituição por justa causa)».

Esta passagem preambular é, de resto, particularmente significativa, ao evidenciar diferenças de peso no que respeita à posição do colectivo dos credores face à comissão e ao administrador judicial.

Na verdade, enquanto com relação à primeira foi introduzido, na versão final do Código, o art.º 80.º que, conferindo à assembleia a prevalência que merece, lhe permite revogar – ainda que, certamente, com ressalva dos efeitos produzidos – as deliberações da comissão e substitui-la na autorização da prática de actos que a requeira, já quanto ao relacionamento com o administrador falta, por completo, uma disposição de carácter geral que lhe atribua a possibilidade de instruir ou limitar a sua actuação.

Isto parece significar que, sem prejuízo da responsabilidade que ao caso caiba nos termos do art.º 59.º, o administrador da insolvência não está, por regra, vinculado, na sua actuação, às deliberações da assembleia de credores, salvo quando, por determinação especial da lei, seja necessária a intervenção dela.

Esta asserção sai, aliás, reforçada do confronto com algumas disposições legais, onde avultam os art.ºs 156.º, n.º 2 e 161.º, n.ºs 1 e 5.

É certo que o administrador responde pessoalmente pelos danos causados pela inobservância culposa dos deveres que lhe incumbem (*ex vi* do citado art.º 59.º), à cabeça dos quais está o de agir diligentemente no exercício do seu cargo, na defesa dos interesses dos credores e do próprio devedor. E é certo também que está sujeito a destituição, segundo o que vai estatuído no n.º 1 do art.º 56.º.

Mas nem uma nem outra destas providências são suficientes para assegurar que o administrador conduza efectivamente a sua actividade pelos melhores caminhos, nem sequer para obstar a que se produzam prejuízos difíceis de reparar. E isso é tanto mais sensível quando, precisamente, falta o dever geral de o administrador proceder em conformidade com o que lhe seja recomendado pela assembleia, pela comissão ou mesmo pelo próprio tribunal.

Menos ainda, portanto, está acautelado que a actividade fulcral de administração e liquidação de bens se faz em concordância com as orientações dos credores, mesmo estando sob sua fiscalização.

Suponho que este regime não é benéfico. Parece-me excessivo na margem de manobra outorgada ao administrador, que não é necessária ao pleno desempenho da sua missão. Acaba, além disso, por potenciar conflitos onde, manifestamente, os devia evitar.

Reparo, aliás, que, em área muito sensível, onde, por virtude do especial relevo que certos actos de administração e liquidação assumem no processo de insolvência, se condiciona a actuação do administrador a uma autorização prévia da comissão de credores ou da própria assembleia, como penhor de que o procedimento visado é ajustado à prossecução dos interesses dos credores, se mantém, mesmo assim, normalmente intocável a eficácia dos actos praticados sem precedência da autorização – ou mesmo em oposição ao que foi decidido –, ressalvando-se somente os casos em que as obrigações assumidas pelo administrador excedem manifestamente as da contraparte (cfr. art.ºs 161.º a 163.º).

Haverá, provavelmente, a tentação de sustentar tal opção com a protecção do tráfico jurídico, em geral, e dos terceiros de boa fé, em particular, à semelhança do que se passa noutros sectores, nomeadamente em sede de vinculação de sociedades de responsabilidade limitada (recorde-se os art.ºs 260.º, 409.º e 431.º, n.º 3, do Código das Sociedades Comerciais).

Acontece que quem negoceia com o administrador nessa qualidade não pode ignorar a situação de insolvência que é a fonte da sua legitimidade para agir.

Ora, a peculiaridade dessa situação, aliada ao seu necessário conhecimento, justifica reservas de protecção que não envolvem verdadeiros perigos para as contrapartes, a quem é razoavelmente exigível que verifiquem se foram respeitadas, designadamente quando se trata, simplesmente, de sindicar a existência de autorizações que estão impostas, e para mais se respeitam a actos tipificados.

12. Ainda no âmbito da orgânica, cabe uma reflexão acerca do que ocorre com a assembleia de credores.

A sua institucionalização como órgão da insolvência, com atribuições que são, sem dúvida, relevantes, veio colocar novos problemas e desafios, entre os quais avulta o da delimitação e tratamento dos vícios das deliberações.

A matéria é significante e melindrosa. Confina com a discricionariedade dos credores, com a tutela dos seus interesses, e também com o amparo de outros objectivos a que é mister dar guarida.

Acresce a especificidade que resulta de a assembleia funcionar sempre na esfera de um processo civil.

Pois bem, a primeira nota que cumpre referenciar é a da ausência de uma disciplina global do tema. Além disso, afloram disposições pontuais que suscitam dúvidas sérias.

Destaco o art.º 78.º, n.º 1, e o art.º 215.º.

De acordo com o primeiro, e no pressuposto de que ela tenha lugar na própria assembleia que tomou a decisão, cabe reclamação para o juiz, por iniciativa do administrador ou de qualquer credor com direito de voto, das deliberações que forem contrárias ao interesse comum dos credores.

Por sua vez, o art.º 215.º atribui ao juiz a faculdade de recusar a homologação do plano de insolvência aprovado pela assembleia de credores quando esta tenha agido em «violação não negligenciável de regras procedimentais ou das normas aplicáveis ao seu conteúdo».

O n.º 1 do art.º 78.º motiva duas interrogações óbvias.

Uma contende directamente com a aplicação concreta do preceito e respeita a saber quem define e avalia o interesse comum dos credores. Não pode, com efeito, deixar de se ponderar o facto de a formação da deliberação social depender da verificação de um certo *quorum*, que está legalmente fixado, e que se entende ser suficientemente expressivo da vontade dos credores, a qual, por sua vez, é razoável presumir manifestada em vista à prossecução dos respectivos interesses.

Outra, porém, tem um maior alcance e prende-se com a determinação do significado do dispositivo legal. Está em causa averiguar se se exclui a possibilidade de reacção às deliberações da assembleia baseada em fundamentos de outra natureza, nomeadamente a verificação de vícios de carácter formal, ou se, diversamente, se pretende simplesmente confirmar a normal discricionariedade dos credores no que respeita ao mérito da decisão, que só é limitada pela exigência da prossecução do interesse comum, enquanto causa determinante da intervenção orgânica da assembleia.

Exactamente para a dilucidação deste problema há uma contribuição importante que advém do indicado art.º 215.º.

Também ele coloca problemas próprios delicados, que são, especificamente, o da delimitação do conceito de violação não negligenciável, que justifica a não homologação do plano de insolvência, e o do âmbito aqui coberto, concretamente se a negligenciabilidade da violação apenas releva quanto a regras procedimentais ou também em relação a normas aplicáveis ao conteúdo do plano, qualquer que seja a sua natureza.

Esta não é matéria que nos deva ocupar aqui. Mas, como quer que seja, resulta claro que, pelo menos nos casos de violação não negligenciável das regras aplicáveis, a deliberação da assembleia não deve proceder, devendo o juiz recusá-la.

Sendo assim, falta fundamento para rejeitar a iniciativa dos credores de reacção à deliberação ilegal. E não se vê que deva ser de modo diferente com relação a outras deliberações, salvo quando resulte alguma limitação da própria lei.

Na verdade, é esta a conclusão que melhor se adequa ao princípio geral da legalidade que preside ao processo, de cujo controlo é confirmadamente guardião o tribunal.

É também a que se ajusta ao pensamento legislativo que, a propósito, se desvenda na parte final do n.º 10 do preâmbulo do diploma de aprovação do Código, ao ressaltar o «desaparecimento da possibilidade de impugnar junto do juiz tanto as deliberações da comissão de credores ..., como os actos do administrador da insolvência», sem aqui envolver as deliberações da assembleia de credores.

Mal se compreenderia, realmente, que pudesse, por exemplo, ficar imune à oposição dos interessados uma deliberação tomada por assembleia indevidamente convocada, com ofensa de disposições legais imperativas ou sobre matérias que não caibam na competência da assembleia.

Aqui chegados, torna-se crítica a omissão de uma regulamentação geral, quer quanto à delimitação tipológica dos vícios relevantes, quer quanto à legitimidade para reagir e à adjectivação das formas e procedimentos de impugnação das deliberações viciadas, quer ainda quanto aos efeitos da pendência e da eventual procedência da oposição.

Ora tudo isto é, seguramente, fonte de muitas incertezas e dificuldades que só se ganharia em ter prevenido.

É cedo para dispor de respostas firmes para a panóplia de problemas que se colocam.

Inclino-me, no entanto, a pensar que a chave-mestra residirá no recurso ao regime geral das nulidades processuais, temperado pelas especificidades que se possam estribar nas soluções pontuais de questões providas pela lei e a que deva atribuir-se um sentido global.

Pondero a este propósito, em primeiro lugar, que, sendo a assembleia de credores um órgão do processo, os seus actos – e, no caso, as suas deliberações – são actos processuais e tenho presente a regra da subsidiariedade expressamente acolhida no art.º 17.º do CIRE; constato, por outro lado, que as deliberações da assembleia não estão, comummente, sujeitas a homologação, muito embora o juiz presida às respectivas reuniões; relevo as preocupações de celeridade e eficiência que animam todo o Código e inspiram também os art.ºs 78.º e 215.º a que fiz particular referência; e atendo ao princípio da economia que é característico do processo civil.

13. Uma área onde se pretendeu impulsionar fortemente a chamada desjudicialização do processo foi a da verificação e graduação de créditos, sem embargo de manter um espaço crucial e reservado de intervenção do juiz na fase concursal. Isto mesmo é realçado no preâmbulo do diploma de aprovação do Código (*vd.* o já várias vezes citado n.º 10).

A consecução deste objectivo foi concretizada essencialmente pelo reforço significativo do papel do administrador, que se projecta predominantemente em dois planos. Por um lado, é ele o destinatário das reclamações dos credores, cabendo-lhe a missão de prover à guarda e conservação de todo a documentação pertinente (art.ºs 128.º, n.º 2, e 133.º); por outro, valoriza-se a sua intervenção na elaboração da lista de créditos reconhecidos e não reconhecidos (art.ºs 129.º e 138.º).

Paralelamente, solidificam-se os ónus de reclamação e impugnação.

Há, contudo, aspectos que suscitam reflexão.

Da concatenação dos art.ºs 133.º e 134.º, n.º 5, parece resultar que, no período destinado às impugnações de créditos e respectivas respostas (contestações), o processo propriamente dito – onde consta a relação elaborada pelo administrador de acordo com o art.º 129.º e constarão também as impugnações deduzidas, segundo resulta do art.º 130.º, n.º 1 – está disponível na secretaria judicial onde correm os actos; mas, relativamente aos documentos que instruíram as reclamações e os da escrituração do insolvente – quando exista –, eles podem estar patentes noutro local – o que for mais adequado, no dizer do art.º 133.º.

A proceder este entendimento, é manifesto que daí podem advir inconvenientes sérios para impugnantes e contestantes, tanto mais que são muito curtos os prazos de que dispõem para exercer os respectivos direitos.

Entretanto, se houver controvérsia, segue-se o saneamento do processo e as fases subsequentes, em conformidade com o art.º 136.º e seguintes.

Curiosamente, em parte alguma se prevê a junção ao processo das reclamações dos créditos contestados e dos documentos de suporte, sendo certo que, no art.º 132.º, apenas se contempla a autuação, por um único apenso, das «listas de créditos reconhecidos e não reconhecidos pelo administrador da insolvência, das impugnações e das respostas», prevendo o n.º 3 do art.º 136.º a conclusão do processo ao juiz, naturalmente como se encontra! ...

Admito que se trata de um lapso solucionável pelas regras gerais. O administrador deve, ele próprio, tomar a iniciativa de juntar, ao apenso, cópias das reclamações impugnadas, com a documentação que a instruiu e, se não o fizer, o juiz pedi-las-á, porque o seu conhecimento é *conditio sine qua non* para a adequada elaboração do despacho referido no indicado n.º 3 do art.º 136.º.

Cabe referir que, pese embora o intuito de celeridade que atravessa todo o processo, o prazo de impugnação parece excessivamente curto, para garantir aos interessados a efectiva possibilidade de, com suficiente cautela e profundidade, confrontarem e avaliarem as listas, consultarem os documentos e, sendo o caso, deduzirem oposição.

Mostra a experiência da vida que, frequentemente, há um número extenso de reclamantes, para além de que, a mais dos deles, o administrador pode reconhecer créditos não reclamados que «constem dos elementos da contabilidade do devedor ou sejam por outra forma do seu conhecimento» – *ex vi* do art.º 129.º, n.º 1.

Quanto a estes, é apodíctico que a consulta dos interessados se torna, normalmente, mais difícil, até porque não está especificamente consignada a obrigação de identificar os elementos que suportam a posição assumida pelo administrador.

E nem valerá esgrimir com a circunstância de se ter alargado o prazo que era concedido para os mesmos fins no domínio do CPEREF.

Desde logo, o momento relevante para o início da contagem era diferente; depois, no modelo daquele diploma, o inconveniente do prazo curto era muito mitigado pelo facto de, em muitos dos casos mais significativos, ter precedido processo de recuperação, que permitia aos interessados um conhecimento prévio e aprofundado da generalidade das situações creditícias; finalmente, lembrar-se-á que o erro da lei pregressa não justifica o da actual!

Todo este contexto adensa a perplexidade que já de si causa a disposição do n.º 3 do art.º 130.º.

Prevê-se a hipótese da inexistência de impugnações à lista de créditos reconhecidos pelo administrador da insolvência; e estatui-se que, então, «é de imediato proferida sentença de verificação e graduação dos créditos em que, salvo o caso de erro manifesto, se homologa a lista de credores reconhecidos elaborada pelo administrador da insolvência e se graduam os créditos em atenção ao que conste dessa lista».

Os termos em que o preceito ficou redigido inculcam a opção pelo cominatório pleno. Esta convicção sai reforçada pelo cotejo com o que se propunha no paralelo n.º 3 do art.º 113.º do Projecto inicial.

Aí, para a eventualidade da falta de impugnações, concedia-se ao juiz a faculdade de, na sentença de verificação e graduação de créditos, se limitar «a homologar a lista dos credores reconhecidos elaborada pelo administrador da insolvência e a graduar os créditos por remissão para esta».

A vinculação judicial a decidir conforme a lista, apesar das circunstâncias em que a impugnação tem lugar, ainda se aceita sem dificuldade de maior quanto à verificação dos créditos, a favor da celeridade do processo. Mas entendo que, quanto à graduação, há ressalvas que se impõem.

Assim, relativamente às garantias e privilégios cuja constituição dependem da verificação de requisitos *ad substantiam*, ou o processo contém elementos que permitam constatá-los – o que só sucederá se a lista foi instruída com eles, visto as reclamações terem sido dirigidas ao administrador judicial e não integrarem o processo, tanto mais que, por pressuposto, não houve impugnações –, ou o tribunal terá de solicitar ao administrador a respectiva evidência e este está vinculado ao pedido, quanto mais não seja por virtude do que estabelece o art.º 58.º.

Doutro modo, conferir-se-ia ao cominatório um alcance que ele não deve nem pode ter, susceptibilizando a violação de normas imperativas que não estão na disponibilidade de ninguém.

Esta intervenção fiscalizadora do tribunal é, de resto, também essencial para que se cumpra o art.º 97.º.

14. Uma palavra final sobre a ressalva do regime especial do procedimento de conciliação, constante do Decreto-Lei n.º 316/98, de 20 de Outubro, a que se refere o art.º 16.º do CIRE.

Com este diploma, institucionalizou-se um mecanismo extrajudicial de recuperação da empresa, reformulando-se, de modo muito profundo, o que vinha de anteriormente.

No art.º 10.º, estabeleceu-se o quadro da articulação entre o procedimento de conciliação e o processo judicial de recuperação.

Sustentei, em anotação que subscrevi a esse artigo[6], a impossibilidade de iniciar um procedimento de conciliação depois

---

[6] *Código dos Processos Especiais de Recuperação da Empresa e de Falência Anotado*, Luís A. Carvalho Fernandes e João Labareda, cit. págs. 573 e 574.

de instaurado um processo de falência, bem como a sua caducidade, quando, aberto antes deste, todavia, a falência viesse a ser declarada.

Isto compreendia-se, aliás, muito bem, pelo facto de o procedimento de conciliação intentar, precisamente, a viabilização da empresa e prevenir, correspondentemente, a respectiva declaração de falência (ex vi, do art.º 2.º, n.º 1).

Há, agora, se possível, mais razões para sufragar as mesmas soluções.

Doutro passo, e à vista do disposto no art.º 2.º, n.º 4, o acordo alcançado no decurso do procedimento de conciliação podia servir de base a propostas a apresentar à assembleia de credores, no âmbito do processo judicial de recuperação.

Sucede que, com a extinção desta modalidade de processo, tanto o art.º 10.º, como o n.º 4 do art.º 2.º do Decreto-Lei n.º 316/98 perderam todo o sentido, devendo considerar-se tacitamente revogados.

Não foi, no entanto, consignado nenhum mecanismo da articulação entre o Decreto-Lei n.º 316/98 e o CIRE.

Isto suscita, pelo menos, duas dificuldades muito sérias.

Uma respeita a avaliar da relevância que a abertura de um procedimento de conciliação por iniciativa do devedor, concretizada no prazo em que legalmente está obrigado à apresentação à insolvência, pode ter na conformação do cumprimento deste dever.

Outra, de não menos alcance, consiste em sindicar os efeitos – e, logo, o interesse – da conclusão, com êxito, de um procedimento de conciliação, traduzida na obtenção de um acordo para a viabilização da empresa do devedor.

Não há nenhum título que possa sustentadamente invocar-se para suportar a exclusão do recurso ao processo de insolvência nestes casos por parte de qualquer legitimado.

E também nada garante a prolação de sentença denegatória, mesmo perante a prova do acordo obtido no procedimento de conciliação porque, ainda quando tenha havido reestruturação do passivo, pode manter-se a situação de insolvência, quer porque persiste a impossibilidade de pagamento de dívidas que permanecem vencidas, quer porque continua a inferioridade manifesta do activo.

A verdade é que o proferimento de sentença declaratória de insolvência constitui, só por si, um revés muito sério nos objectivos visados com o procedimento de conciliação.

E mesmo que o acordo possa razoavelmente indicar a opção por um plano de insolvência alternativo à liquidação universal dos bens do devedor, a *via crucis* que é necessário percorrer até à sua homologação pode revelar-se extremamente penosa, quando não mesmo fatal.

A solução seria a de conceder ao devedor a possibilidade de, nas ditas circunstâncias, lançar mão de um mecanismo especial do tipo do que se consagra nos art.ºs 249.º e seguintes. Mas, como se vê no primeiro destes preceitos, só em casos raros e pouco relevantes – exige-se sempre que o devedor seja pessoa singular e, quando titular de empresa, é necessário não haver dívidas laborais, ter um número de credores igual ou inferior a vinte e um passivo não superior a 300.000 Euros –, é que ele poderá servir.

Pela importância que assume, o tema deveria ter merecido mais atenção da lei.

Reside aqui uma das fragilidades sensíveis do novo regime.

15. Esclareci, a seu tempo, os contornos e o objectivo do percurso que agora concluo.

Diversas outras matérias poderiam ter sido abordadas, não fossem as limitações existentes.

Guardo, ainda assim, a esperança de que a comunicação feita possa ter correspondido à confiança em mim depositada e mereça a condescendência dos ouvintes e dos leitores.

Mas, sobretudo, e para lá da controvérsia, desejo vivamente que o novo Código se constitua e afirme como um instrumento de resposta eficaz aos sérios problemas a que visa dar solução.

ALGUMAS QUESTÕES PROCESSUAIS NO CÓDIGO DA INSOLVÊNCIA E DA RECUPERAÇÃO DE EMPRESAS

UMA PRIMEIRA ABORDAGEM

FÁTIMA REIS SILVA

Juiz de Direito

Todos os esforços e iniciativas dirigidos à obtenção de uma maior eficácia e celeridade na resolução dos processos judiciais, maxime dos processos de falência e recuperação de empresa, pelas suas implicações e consequências ao nível económico e social, são de louvar e apoiar desde que traduzidas em reformas viáveis e apoiadas por medidas concretas e realizáveis.

O Diagnóstico dos actuais e principais problemas do processo falimentar é o seguinte:

– problemas organizativos do próprio processo judicial e que são comuns a todos os outros processos judiciais, como excesso de pendências e de trâmites burocráticos;
– problemas de conformação substantiva dos interesses por vezes conflituantes em tais processos: o interesse público, por um lado, e o interesse privado dos vários intervenientes, por outro, havendo ainda muitas vezes dentro dos privados interesses contraditórios;
– insuficiente formação especializada dos operadores judiciários encarregues de tais processos (mais uma vez problema não privativo desta jurisdição);
– inexistência de qualquer selecção no recrutamento dos gestores e liquidatários judiciais;
– falta de motivação e empenhamento da generalidade dos credores que compõem as Comissões de Credores;
– falta de comunicação e cooperação entre as várias entidades, designadamente públicas (conservatórias, finanças, etc.) que têm intervenção no decorrer do processo,
– deficiente visão da natureza e função do processo por parte de alguns credores: para uns trata-se de um processo de cobrança de dívida, para outros uma forma de

recuperar o IVA pago, para outros uma forma de arrumar internamente o ficheiro do cliente (ex. Bancos) e para outros uma forma de fazer "morrer" as sociedades (é o caso das acções intentadas pelo Estado contra empresas que há muito cessaram a sua actividade e nas quais, muitas das vezes, todos os bens foram vendidos em processos de execução fiscal tendo já havido reversão das dívidas para os administradores).

Como intérprete – aplicador de direito e, em especial, do direito falimentar vigente não me cabe apreciar o presente diploma no que concerne às suas opções de política legislativa. E tal seria até, no momento, improfícuo. Temos direito legislado, cabe-nos aplicá-lo.

Não deixarei, porém, de realçar algumas das questões enunciadas no preâmbulo do CIRE.

Afirma-se, a dado passo, que não é dada primazia à liquidação mas sim à vontade dos credores. Não afirmarei o contrário. Mas parece-me que a recuperação acaba por ser uma opção dificultada face à liquidação do património, deixando apenas um exemplo.

Uma das inovações mais flagrantes do diploma decorrente da unicidade do processado de insolvência é a disposição constante do art. 209.º n.º 2, no qual se estatui que a assembleia de credores para discutir e votar a proposta de plano de insolvência não se pode reunir antes de, cumulativamente:

– Transitada em julgado a sentença de declaração de insolvência;
– Proferida sentença de verificação e graduação de créditos e esgotado o respectivo prazo de interposição de recurso;
– Realizada a assembleia de apreciação do relatório.

É óbvia a vantagem de o universo de credores, mais a mais sendo restaurados determinados privilégios creditórios, criados outros, eliminada a disposição que faz cessar a contagem de juros na data da declaração, ora, de falência e criadas classes diversas de credores, estar perfeitamente delimitado por sentença proferida em 1ª instância.

Também reconheço o incentivo ao proferimento rápido destas decisões, que regra geral demoram bastante a ser proferidas.

Ponho porém algumas reservas quanto à praticabilidade do sistema e às consequências que isso possa trazer para as empresas devedoras recuperandas. Feitas rapidamente as contas aos prazos constantes no diploma e contando que todos os intervenientes processuais, partes, administrador, juiz e secção de processos cumprem rigorosamente os seus prazos, quando existam créditos impugnados e necessidade de realização de julgamento, vão decorrer pelo menos 153 dias entre a sentença de declaração de insolvência e a prolacção da sentença de verificação e graduação.

Se for interposto recurso da decisão de declaração de insolvência teremos que contar pelo menos com 2 meses, num cálculo modesto e tendo em conta a urgência do processo, havendo ainda que contar com a possibilidade restaurada de daquela sentença serem interpostos embargos e recurso.

Outro dos pontos, claramente positivo, no que toca à recuperação é a não taxatividade das medidas de recuperação possíveis.

No sistema actual vigora o princípio da tipicidade, nos termos do art. 4.º do Código dos Processos Especiais de Recuperação da Empresa e de Falência, sendo as medidas de recuperação possíveis a concordata, a reconstituição empresarial, a reestruturação financeira e a gestão controlada.

Por muito latas e amplas que sejam as medidas permitidas, surgem efectivamente situações em que nenhuma delas ou sequer aglutinando partes delas, se adaptam precisamente às necessidades da recuperanda.

Nesse aspecto o CIRE ao prever um Plano de insolvência aberto – art. 196.º n.º1 – abre possibilidades e facilita a resolução de situações específicas.

Também não posso deixar de referir não me ter apercebido que o recurso ao processo de recuperação de empresa se traduza muitas vezes num mero expediente para atrasar a declaração de falência – o que sucede na maioria dos casos é que a apresentação à recuperação (de longe a situação mais frequente) ou o seu requerimento por credor é tardio e mal preparado e tem como consequência que dificilmente acaba por ser aprovada uma medida de recuperação e vem a ser declarada a falência após o "compasso de espera" que é a tramitação própria da recuperação.

No sistema actual é também a vontade dos credores que determina o destino da recuperanda - há porém, uma inércia que leva a que os credores justifiquem créditos, não deduzam oposição à recuperação e reservem a sua posição apenas para a assembleia definitiva.

No CIRE exige-se agora uma postura activa dos credores para que se chegue à recuperação – as recuperandas deixam de contar com a permissão passiva dos credores para o prosseguimento do processo e para a sua não conversão em falência. No entanto poderemos ter aqui um efeito perverso – a mesma inércia que antes permitia que o processo de recuperação prosseguisse poderá agora inviabilizar de todo qualquer hipótese de uma empresa viável e recuperável. Só o tempo o dirá, mas parece-me certo que qualquer empresa que pretenda apresentar-se à insolvência e ver aprovado um plano de insolvência que passe pela sua recuperação terá agora que preparar muito bem tal apresentação, antes da entrada em juízo, carecendo de uma atitude muito diversa da que hoje em dia norteia a maior parte das apresentações.

Há mais um ponto que não posso deixar de frisar: quase 3 anos de aplicação intensiva do Código dos Processos Especiais de Recuperação da Empresa e de Falência permitem-me afirmar que, na minha experiência, o grande problema e a grande causa das demoras na tramitação processual não reside tanto na legislação como nos meios postos à disposição dos operadores e interessados para a sua efectiva aplicação.

Há, efectivamente, pontos de bloqueio correctamente apontados e eliminados no presente diploma, como por exemplo a duplicação do chamamento dos credores. Mas o cerne da questão reside na falta de meios, em primeira linha dos tribunais portugueses, no excessivo número de pendências, na falta de preparação de (todos) os intervenientes.

Este diploma tem grandes potencialidades, mas para atingir o seu almejado e eleito objectivo primeiro de celeridade tem que ser acompanhado por outras medidas que, talvez por falta de informação minha, não vejo serem tomadas.

Mais tribunais de competência especializada, atempadamente criados, instalados e apetrechados, mais funcionários, acessores ou assistentes para os juízes, de preferência com formação técnica adequada, uma completa reformulação da figura do actual gestor e liquidatário, são só algumas das medidas que entendo essenciais e que deveriam acompanhar o presente diploma em "pacote".

O CIRE, se entrar em vigor desacompanhado de qualquer medida, dificilmente cumprirá o pleno dos seus objectivos.

Basta notar que se um juiz e uma secção tiverem a seu cargo 2 000 processos urgentes, terão, na prática, dois mil processos mais ou menos urgentes em que diariamente terão que ser feitas opções sobre a que serviço dar precedência, qual dos processos urgentes é "mais urgente". E se nos tribunais de comércio, a par das insolvências há vários outros tipos de processos urgentes, nomeadamente os procedimentos cautelares, nos tribunais comuns haverá que tomar opções ainda mais difíceis, como por exemplo, se ouvir um detido em primeiro interrogatório, despachar um processo tutelar, apreciar um internamento compulsivo de urgência ou proferir uma sentença de uma acção ordinária de dívida apensa a uma insolvência.

O sugestivo título dado à minha intervenção – o que muda nos processos – seria um tema que, levado à exaustão, nos consumiria bastante mais tempo do que aquele de que disponho.

Tentarei, pois, ser breve e concisa, tendo em mente que acabámos de ouvir já expostas as grandes linhas da reforma, indo a minha exposição descer a alguma pormenorização sobre o que muda, o que me preocupa no que muda e algumas dúvidas que determinadas disposições me suscitam.

Aproveito para lançar o repto de que seria extremamente interessante que, por exemplo daqui a um ano, aqui estivéssemos todos novamente para saber, afinal o que mudou nos processos, quais dos intentos foram conseguidos, quais não o foram e os problemas que entretanto surgiram.

Estou ciente de que um ano é um prazo muito curto para avaliar os efeitos de um diploma que reforma tão profundamente matéria sensível como a presente. Mas tal avaliação seria uma preciosa ajuda para todos aqueles que trabalharão diariamente com este diploma, como é o meu caso e de muitos dos presentes.

Por razões de tempo a minha análise passará essencialmente pela fase inicial do processo de insolvência propriamente dito, assembleia de apreciação do relatório, verificação e graduação de créditos e processado da qualificação da insolvência.

A fase inicial do processo foi profundamente reformulada no que eu chamaria de a sua filosofia.

A noção de insolvência vertida no n.º 1 mantém-se no essencial – impossibilidade de cumprimento das obrigações vencidas, tendo-se porém abandonado as noções de activo disponível e passivo exigível, delimitados ora nos termos do n.º 2 do art. 3.º.

Saúda-se a consagração expressa do que já há muito era interpretação, penso que unânime, da jurisprudência nos termos do art. 10.º do Código dos Processos Especiais de Recuperação da Empresa e de Falência – a impossibilidade de suspensão da instância do processo de insolvência prevista no art. 8.º n.º 1 do CIRE, afastando assim, decisivamente o regime do Código de Processo Civil nesta matéria.

O regime previsto nos n.ºs 2, 3 e 4 do art. 8.º poderá suscitar dificuldades – efectivamente, fazer cessar a prejudicialidade de outra causa e, logo, a suspensão, perante o indeferimento do pedido de insolvência noutro processo, independentemente do trânsito em julgado, pode ocasionar julgados contraditórios e levar a que a mesma realidade seja simultaneamente apreciada em dois ou mais processos contrariando os princípios da celeridade, economia processual e segurança jurídica. Basta pensar que a insolvência pode ser indeferida nos vários processos, sucessivamente, e sem trânsito em julgado de qualquer delas.

Esta disposição tem também a virtualidade de afastar completamente o actual regime de litispendência e caso julgado – não me cabe questionar, como disse, as opções feitas, mas o actual regime parecia-me bastante mais simples, agora reforçado com a existência de um registo central informático de insolvências, e assegurando o prazo de um ano para reclamações de créditos, os direitos de todos os credores em prazo razoável.

A propósito do art. 9.º n.º1 há que notar que se estendeu o caracter urgente do processo a todos os apensos, ou seja, não só a todos os "apensos naturais" (reclamação de créditos, liquidação, prestação de contas, etc.) mas também a todos os processos que venham a ser apensados ou intentados por apenso à insolvência.

E esta apensação, com a notável excepção das acções de impugnação pauliana, é agora muito mais lata, nos termos do disposto no art. 85.º do CIRE, do que era ao abrigo do disposto no art. 154.º do Código dos Processos Especiais de Recuperação da Empresa e de Falência – no direito vigente apenas os processos intentados contra o falido ou terceiros que pudessem influenciar o valor da massa falida são apensados, deixando de fora as acções intentadas pelo devedor, que prosseguem os seus termos nos respectivos tribunais, a impulso do liquidatário, se assim o entender. Agora também estas acções são apensadas ao processo de insolvência.

A disposição do art. 11.º – consagração expressa do princípio do inquisitório – é um importante passo no "tempero" da tensão entre os interesses públicos e privados que no processo de insolvência se fazem sentir. Tenho aqui que referir que já era este o meu entendimento no domínio do Código dos Processos Especiais de Recuperação da Empresa e de Falência, face ao interesse público que se fazia valer mas este preceito tem a virtualidade de eliminar quaisquer dúvidas que ainda se fazem sentir.

Outro precioso instrumento para o aumento da celeridade processual é-nos trazido pelo art. 12.º, e este de eficácia imediata e não desprezível – prevendo-se a dispensa de citação do devedor no caso de demora excessiva com a devida extensão aos legais representantes, à semelhança do que já hoje sucede nos procedimentos cautelares, deixa de haver citações editais em processo de insolvência, formalidade que acarreta hoje grande demora.

Também a previsão de apenas um grau de recurso – art. 14.º – vai contribuir para a celeridade dos procedimentos (no regime em vigor estava já previsto um caso de recurso apenas em um grau, per saltum para o Supremo Tribunal de Justiça quando, em embargos, se apreciavam apenas questões de direito).

O CIRE manteve a disposição ora prevista no art. 230.º do Código dos Processos Especiais de Recuperação da Empresa e de Falência que já tornava expedito o processamento dos recursos – não há notificação de alegações e contra-alegações, tendo os interessados o ónus de, interposto e admitido o recurso, proceder à consulta das mesmas na secretaria.

A extensão a todos os recursos do regime de subida em separado e com efeito devolutivo é consequência da eliminação da duplicação de formas de processo – era já este o regime para os recursos em falência, excepção feita ao recurso de decisão de denegação de falência – há porém, que advertir que, nos casos previstos na alínea b) do art. 14.º n.º6, a subida nos próprios autos respeita, evidentemente, apenas aos autos de acção ou incidente processado por apenso.

Uma vez que o art. 16.º ressalva expressamente o procedimento extrajudicial de conciliação previsto no Decreto-Lei n.º 316/98, mantêm-se, aparentemente, também a causa de suspensão da instância prevista no art. 10.º deste diploma, agora entendida como referida a processos de insolvência em que tenha sido regularmente apresentada proposta de Plano de Insolvência, sendo que certamente caberá à jurisprudência determinar a partir de que momento este requerimento pode ser formulado e atendido.

O art. 18.º adjectiva o que é um dos grandes propósitos deste diploma – obrigar à apresentação atempada à insolvência por parte de empresas, tendo sido deixados de fora os particulares o que reveste grande importância face à previsão do art. 20.º n.º 1, al. g), iv).

A presunção inilidível estabelecida no n.º 3 do art. 18.º visa aqueles que são, precisamente os grandes grupos de obrigações incumpridas. E esta presunção tem consequências não desprezíveis: presunção (ilidível) de culpa grave no incidente de qualificação da insolvência e possibilidade de pedido de reembolso por parte do credor que requeria o complemento da sentença nos termos do art. 39.º n.º5.

O art. 20.º, correspondente ao actual art. 8.º do Código dos Processos Especiais de Recuperação da Empresa e de Falência, acrescenta a este a suspensão generalizada do pagamento das obrigações vencidas, ou seja, incumprimento – al. a) – que deverá ser interpretado como suspensão total de pagamentos, por confronto com a alínea b), pois se algumas das obrigações forem sendo satisfeitas e outras não, será este o dispositivo aplicável, e a insuficiência de bens penhoráveis para pagamento do crédito do exequente verificada em processo executivo movido contra o devedor – al. *c)*. Este facto índice reedita o regime anterior do art. 870.º do Código de Processo Civil que permitia converter a execução em falência, com a diferença de que ora se tratam de dois processos diversos.

Também surge como nova a tipificação do incumprimento de obrigações previstas em plano de insolvência (situação que já caberia na actual alínea *a)* do n.º 1 do art. 8.º).

Absolutamente novas são as disposições das alíneas *g)* e *h)*.

A alínea *g)* tipifica aquelas que, na minha experiência, são os grandes grupos de obrigações incumpridas – a noção de incumprimento generalizado também aqui terá, na minha perspectiva que ser cuidadosamente interpretada, tendendo a considerar, como para a alínea *a)*, que se trata de incumprimento total durante os últimos seis meses seguidos.

A alínea *h)*, além das demais pessoas colectivas, face ao disposto no art. 70.º do Código das Sociedades Comerciais abrange todas as sociedades comerciais por quotas, anónimas e em comandita por acções, e, nos casos previstos no art. 70.º-A do mesmo diploma as sociedades em nome colectivo e em comandita simples, que estão sujeitas ao depósito das contas no prazo de três meses contados da aprovação – arts. 3.º n.º 1, al. *n)* e 15.º n.º 3 do Código de Registo Comercial.

Parece-me, face ao disposto no art. 65.º n.º 5 do Código das Sociedades Comerciais, que logo desde a não aprovação, em 9 meses, das contas anuais está legitimado o pedido de insolvência.

Esta é também uma medida de grande moralização, reforçando por esta via a obrigação de prestação de contas, mas que poderá ter algum efeito perverso. É mais um meio nas mãos de sócios desavindos, no caso concreto a par do inquérito judicial.

Neste particular há que referir que não sendo prevista qualquer alteração do Código das Sociedades Comerciais haverá que determinar qual o sentido a dar ora à disposição contida no art. 245.º n.º 2 do Código das Sociedades Comerciais que estabelece que o credor por suprimentos não pode requerer, por esses créditos, a falência da sociedade. Numa interpretação actualista, continuará a não poder requerer a insolvência, até porque a expressão "qualquer que seja a natureza do seu crédito" já constava do Código dos Processos Especiais de Recuperação da Empresa e de Falência e não obstava, na minha opinião, à aplicação integral deste preceito.

As razões de fundo da consagração da regra contida no art. 245.º n.º 2 do Código das Sociedades Comerciais mantêm-se rigorosamente as mesmas: pretende-se evitar que pelo uso formalmente correcto de um meio processual que visa, em primeira linha a protecção dos credores sociais, se diminua ou anule estas por meio de um crédito "interno" da sociedade, gerando-se situações em que venha a ser decretada, então a falência e ora a insolvência de uma sociedade externamente saudável face à existência de um elevado crédito por suprimentos. Razões de fundo que subjazem ainda à expressa consagração, no n.º 3, al. *a)* do Código das Sociedades Comerciais, de que os suprimentos só serão reembolsados após satisfação integral das dívidas da sociedade para com terceiros, disposição que indubitavelmente se mantém em vigor e que, na prática, implica que na graduação dos créditos verificados a fazer na falência, os créditos por suprimentos serão sempre graduados em último lugar, mesmo após os créditos comuns.

Razões de fundo essas que saem reforçadas com a consagração dos créditos por suprimentos como créditos subordinados – art. 48.º, n.º1, al. *g)* do CIRE.

Por outro lado, a irrelevância da natureza do crédito para efeitos do requerimento de falência já tinha consagração expressa no n.º 1, al. *a)* do art. 1176.º do Código de Processo Civil e "A necessidade de afirmação dessa relevância justificava-se, nomeadamente, pelo facto, na lei processual civil anterior, a falência ser um instituto tendencialmente privativo dos comerciantes o que, na falta de uma concreta previsão sobre a matéria, dava lugar à questão de saber se os créditos não mercantis também fundamentariam a instância falimentar." Carvalho Fernandes e João Labareda, in Código dos Processos Especiais de Recuperação da Empresa e de Falência Anotado, 3ª ed., pg. 80.

A irrelevância da natureza do crédito foi assim consagrada com vista ao esclarecimento de que a falência é extensiva a toda e qualquer empresa, independentemente da qualificação jurídica da actividade desenvolvida – e logo dos créditos sobre ela gerados, nada obstando a que o mesmo raciocínio se aplique ora à insolvência.

Deixo em aberto a questão, frisando apenas que, quanto a pessoas legitimadas para requerer a insolvência surgem de novo as pessoas legalmente responsáveis pelas dívidas do devedor (art. 6.º n.º 2 do CIRE) e os credores condicionais – art. 50.º.

O art. 22.º, embora inovatório, resultava já dos princípio gerais, com a especificidade de excluir a negligência - entendo porém que esta responsabilidade, no que exceda a má-fé processual, terá que ser feita valer em processo autónomo, de natureza cível, pois excede por completo o fim e tramitação do processo de insolvência.

Fase inicial
A conjugação do disposto no n.º 1 do art. 23.º com o art. 24.º n.º 1, al. c) implica limpidamente que, em caso de apresentação, as causas da situação de insolvência, são matéria estranha ao requerimento inicial e dele não devem constar.

Em caso de insolvência requerida também o requerente poderá posteriormente, nos termos do disposto no art. 188.º n.º 1 e 191.º, alegar o que tiver por conveniente quanto às causas da insolvência para o efeito de qualificação da mesma.

Os elementos referidos no n.º 2 devem ser juntos ou justificada a sua ausência, justificação não possível no caso das certidões do registo comercial de sociedades regulares.

A bem da almejada celeridade processual deve também o credor requerente juntar desde logo todos os meios de prova de que disponha – art. 25.º n.º 2 – o que implica a junção de certidões quando elas sejam necessárias, evitando notificações posteriores e a demora que tal acarreta.

Com algumas precisões e especificações, a matéria do art. 24.º não é inteiramente nova (art. 16.º do Código dos Processos Especiais de Recuperação da Empresa e de Falência) e devo assinalar a essencialidade da junção da relação de credores correctamente elaborada o que, já hoje em dia é um grande problema. Esta é uma velha questão: uma relação de credores não é um extracto contabilístico, é exactamente o que vem previsto e como vem previsto.

A redacção do n.º 2, al. a) do art. 24.º parece-me problemática: já ficou estatuído no art. 19.º a quem compete o pedido, no caso de apresentação. No entanto o que se deveria exigir era a documentação da deliberação da iniciativa do pedido por parte do órgão competente e não apenas do órgão de administração. Esta será necessária em caso de órgão de administração plural, mas ainda assim não pode, na minha perspectiva dispensar a documentação da decisão propriamente dita: uma acta da Assembleia Geral, no caso das sociedades. Isto porque uma decisão de apresentação à insolvência não é, propriamente uma actividade de gestão corrente, é uma decisão com profundas implicações na vida (e morte) da pessoa colectiva, pelo que deve ser tomada pelos sócios. A documentação desta decisão é também ela essencial e não surge aqui contemplada.

O facto de não ser prevista qualquer alteração do Código das Sociedades Comerciais deixa como alternativa a interpretação actualista de determinadas disposições. Assim, a dissolução da sociedade depende de deliberação dos sócios (por exemplo arts. 246.º, n.º 1, al. i) e 383.º n.º 2 do Código das Sociedades Comerciais para as sociedades por quotas e anónimas) e, sendo a falência uma causa de dissolução da sociedade, nos termos do art. 141.º n.º 1, al. *e)* daquele diploma, não se vê como a iniciativa de apresentação à insolvência não tenha que ser deliberada pelos sócios.

Este entendimento parece-me confirmado pela disposição constante do art. 234.º n.º 3 do CIRE que prevê a extinção da sociedade comercial com o registo do encerramento do processo após o rateio final, ou seja, com o registo do encerramento da liquidação.

O art. 26.º n.º 2 reproduziu o art. 18.º n.º 2 do Código dos Processos Especiais de Recuperação da Empresa e de Falência, disposição que já tem sido interpretada como implicando que os documentos que acompanham a petição não são remetidos ao devedor, hoje em dia, quando se trata de uma falência requerida. Trata-se de uma questão problemática, a resolver com recurso ao processo civil, que se mostra integralmente transposta para a nova legislação.

Entrado em juízo o requerimento inicial o juiz profere despacho liminar – de aperfeiçoamento, de indeferimento ou de citação no caso de insolvência requerida ou, grande inovação, sentença de imediata declaração de insolvência no caso de apresentação.

Sublinho, quanto à falta de documentos exigíveis que alguns dos previstos (caso das certidões) não são, regra geral possíveis de obter no prazo de 5 dias previsto na alínea *b)* do n.º 1 do art. 27.º. É pois, essencial que tais documentos sejam desde logo juntos.

Tenho aqui que reeditar os comentários feitos supra face aos prazos aqui previstos – despacho liminar no dia da distribuição ou até ao 3.º dia útil, o mesmo prazo para declaração de insolvência em caso de apresentação e um dia útil para declarar a insolvência em caso de não dedução de oposição – art. 30.º n.º 5.

Não é fixando prazos mais curtos que se alcança celeridade. É dando meios para que os prazos, mais ou menos curtos, sejam cumpridos.

Outra questão, e já quanto ao art. 30.º n.º 5 é de que, temos que ter em conta a aplicação do disposto no art. 145.º do Código de Processo Civil, do art. 150.º e do art. 486.º n.º 2 do mesmo diploma, este, com as devidas adaptações.

Ou seja, só findo esgotado o prazo de 3 dias úteis após o fim do prazo de oposição se pode declarar a insolvência.

A nova tramitação da fase inicial, além da maior celeridade, tem a vantagem de clarificar certos aspectos: a fase inicial do processo de insolvência é agora, claramente, um processo inter partes, com todas as consequências daí advenientes não excluídas por lei (caso da suspensão da instância, por exemplo).

À contestação que contenha matéria de excepção é possível responder no início da audiência de julgamento, nos termos do art. 3.º n.º 4 do Código de Processo Civil, agora plenamente aplicável sem qualquer dúvida, eliminada que foi a fase do 24.º do Código dos Processos Especiais de Recuperação da Empresa e de Falência.

O ónus da prova previsto no art. 30.º n.º 4 corresponde ao que já era entendimento, quer da doutrina, quer da jurisprudência, no Código dos Processos Especiais de Recuperação da Empresa e de Falência, apenas agora com a dificuldade de determinar o que é uma "escrita devidamente organizada e arrumada" e ainda a matéria prevista no art. 3.º n.º 3. Será extraordinariamente difícil, nos prazos concedidos para produção de prova, provar noções como "justo valor" ou "valorização numa perspectiva de continuidade ou liquidação", além de serem conceitos vagos e indeterminados, com todas as dificuldades de subsunção que implicam.

Quanto às medidas cautelares previstas no art. 31.º, desde já prevejo que muito raramente serão aplicadas oficiosamente. O requerente da insolvência, na prática apenas nos casos de não apresentação, terá que justificar o receio da prática de actos de má gestão.

A suspensão de actividade da requerida (art. 33.º n.º 1) tem que ser requerida e justificada pelo próprio administrador provisório e sujeita a contraditório, caso já haja sido citado o devedor.

Não sabendo indicar melhor solução que a consagrada, refiro que o registo e publicidade da nomeação de administrador provisório anterior à citação, ou adopção de outras medidas cautelares, compromete os efeitos pretendidos – art. 34.º.

A disposição do art. 35.º regula a audiência de julgamento em moldes muito diversos dos actuais – se faltarem ambas as partes declaram-se confessados os factos. Se faltar apenas o devedor, a mesma consequência. Se faltar apenas o requerente há desistência do pedido. Se estiverem presentes as partes e não estiver presente um ou ambos os mandatários levanta-se a questão da aplicação do regime do art. 651.º n.º 1, als. *c)* e *d)* do Código de Processo Civil, sendo certo que a marcação da data por acordo (art. 155.º do Código de Processo Civil) parece ser uma possibilidade afastada face ao regime do art. 35.º n.º 1 do CIRE.

Sentença de declaração de insolvência

Notando a importância dada por este código à hora de prolacção da sentença, não deixo de confessar que falho de ver a sua importância, pelo menos na minha experiência até à data, não o esclarecendo o diploma.

Deixa de se fixar, o que era de facto absolutamente inútil, a residência à pessoa colectiva declarada insolvente, passando sim a fixar-se a residência aos seus administradores e pessoas singulares, sendo que, quanto aos primeiros, tal apenas será possível quando tal residência for conhecida (mesmo nas pessoas colectivas sujeitas a registo, muitas vezes tal informação não consta da respectiva certidão).

As advertências das alíneas *l)* e *m)* são inovatórias, bem como a designação de dia para a realização de assembleia de apreciação do relatório, assembleia essa que será realizada em todos os processos de insolvência excepção feita à previsão do art. 39.º e no caso de aprovação de um plano de pagamento – arts. 249.º e ss.

No que toca à notificação da sentença, de frisar que a citação dos entes públicos se conhecidos os respectivos créditos (casos de apresentação), são feitas independentemente de eles se situarem ou não entre os cinco maiores credores – n.ºs 5 e 3 do art. 37.º.

O n.º 6 do art. 37.º fixa como termo inicial do prazo de recurso, de embargos e reclamação de créditos, 5 dias (dilação) após a publicação do último anúncio. Este é, regra geral o do Diário da República, mas o mais seguro será, porque não se sabe qual o último a ser publicado, os interessados contarem os prazos do anúncio que virem.

Da conjugação dos arts. 37.º e 38.º resulta que, na sequência da sentença de declaração de insolvência são publicados no Diário da República dois anúncios distintos – um de citação e um da sentença propriamente dita.

A disposição do art. 39.º vai certamente ter uma aplicação residual. Dificilmente o juiz nesta fase do processo vai ter elementos para concluir, com a segurança necessária, sobre a suficiência do património do devedor e não é a pessoa certa para fazer uma projecção das custas do processo ou prever as dívidas da massa insolvente. Aplicado, mais uma vez o juiz terá grande dificuldade em especificar um montante para os efeitos previstos no n.º 3 do art. 39.º. Por sua vez, a previsão do n.º 5 parece deixar a dúvida sobre qual a sede processual em que tal exigência pode ser formulada.

O art. 39.º, n.º 7, al. *d)* vai exigir um sistema centralizado de informações, em tempo real e com sistemas de alerta que ainda não vejo implementado, pelo que também prevejo a sua escassa aplicação.

Impugnação da sentença
Também aqui se alterou profundamente o regime em vigor – os embargos passam a destinar-se apenas a discutir factos ou

meios de prova novos, ficando as questões de direito reservadas para os recursos. Quanto à legitimidade activa há que notar que o devedor apenas pode embargar se não tiver sido citado (necessariamente de forma pessoal, face ao afastamento da citação edital).

O n.º 2 do art. 40.º introduz prazos diferentes para a dedução de embargos, conforme o embargante tenha sido notificado pessoalmente ou não. Face à disposição do n.º 1 do art. 41.º (a embargos opostos por várias entidades corresponde um único processo) na prática terá que se aguardar o termo do último prazo para se poder completar o apenso.

Todos os meios de prova continuam a ser juntos ou requeridos com os articulados.

Os recursos são interpostos no prazo geral previsto no Código de Processo Civil.

O sistema dúplice de embargos e recursos já vigorou no nosso sistema. Temos aqui um certo retrocesso, embora com uma delimitação precisa das matérias a tratar nuns e noutro e existe sempre a possibilidade de contradição de julgados.

Os arts. 44.º e 45.º fecham o ciclo inicial de processo inter partes excluindo todos os meios de publicidade não absolutamente necessários.

Este caracter inicial privado da insolvência, além de não propagar efeitos nefastos de requerimentos infundados ou somente precipitados, vai também corrigir um certo uso que aos processos de falência tem sido por vezes dado, pelo menos nos tribunais de comércio, como meio expedito de cobrança de dívidas, sem recurso ao processo executivo, usando a ameaça de publicidade como incentivo ao cumprimento.

Os arts. 46.º e ss. procedem a relevantes precisões e classificações quanto aos conceitos de massa insolvente, créditos sobre a insolvência, classes de créditos sobre a insolvência (relevando os créditos subordinados, conceito inovador, excepção feita aos créditos por suprimentos que já tinham um regime específico) créditos condicionais e dívidas da massa insolvente.

Uma imediata consequência processual da classificação dos créditos é que as reclamações de créditos, até agora genéricas, terão que ser elaboradas de forma muito precisa, identificando com precisão a natureza do crédito e a natureza das várias parcelas de créditos (por exemplo um crédito garantido por hipoteca poderá ter parte garantida, parte comum e parte subordinada).

Na matéria dos órgãos da insolvência passa a prever-se a possibilidade de nomeação, pelos credores em assembleia de administrador não constante das listas oficiais justificada, sujeita a prévia aceitação e fixação de remuneração e com possibilidade de recusa pelo juiz – art. 53.º. A assembleia de credores pode também apenas sugerir tal pessoa no caso de destituição do administrador nomeado (art. 56.º), sendo aqui a única dificuldade previsível a conjugação temporal, já que não serão convenientes os "vazios de administração da massa".

O administrador provisório, nomeado necessariamente das listas, tem preferência na nomeação feita pelo juiz – art. 52.º n.º 2.

Quanto às funções do administrador, de notar a utilidade da previsão expressa do n.º 6 do art. 55.º – sendo a única dificuldade concreta a usual demora nas respostas.

O administrador está obrigado a apresentar relatórios trimestrais de estado da administração e liquidação e quando o juiz lho exija – arts. 53.º e 58.º.

Está previsto um complexo regime de responsabilidade – art. 59.º e a remuneração foi deixada a diploma próprio, como já hoje sucede.

A Comissão de Credores passa a ser um órgão eventual da insolvência, se bem que a sua não nomeação pelo juiz tenha que ser justificada – art. 66.º n.º 2. Também aqui a assembleia de credores pode prescindir da sua existência ou nomear uma quando o juiz o não tenha feito, podendo nomear não credores e estando obrigada apenas a respeitar a representação dos trabalhadores – art. 67.º.

Os membros da Comissão de Credores têm direito ao reembolso de despesas que revestem a natureza de dívidas da massa insolvente – arts. 71.º e 51.º, n.º1, al. b).

Assembleia de apreciação do relatório

Declarada a insolvência o administrador elabora o inventário previsto no art. 153.º, a lista provisória de credores prevista no art. 154.º e o relatório constante do art. 155.º, a juntar aos autos oito dias antes da assembleia de apreciação do relatório.

Nesta decide-se prima facie o destino do devedor e do processo – pode cometer-se ao administrador o encargo de elaborar um Plano de insolvência, subsequentemente determinar-se a suspensão da liquidação e partilha – ou não e decide-se sobre a manutenção em funcionamento de estabelecimento ou estabelecimentos compreendidos na massa.

A venda dos bens apenas se inicia após a realização desta assembleia, dependendo o seu resultado – art. 158.º.

Esta assembleia tenderá a ser designada para o final do prazo possível, atento o disposto nos arts. 72.º e ss. do CIRE.

Convém ter já decorrido o prazo de reclamação de créditos para que a sua constituição seja expedita – art. 73.º n.º1, als. a) e b) – ou esteja já definida.

Não têm direito a voto os credores que pretendam reclamar créditos ao abrigo do art. 146.º se já tiver decorrido o prazo fixado para reclamação de créditos na sentença e ainda o não tiverem feito no processo – 73.º n.º1, al. a).

Note-se que nos casos das als. a) e b) do n.º 1 do art. 73.º, a impugnação por parte do administrador ou de credor já com direito a voto determina a automática não admissão do crédito reclamado na assembleia.

Passando rapidamente em revista o regime de convocação de assembleias afigura-se problemática a disposição do art. 75.º n.º 1 – a estimativa do juiz aqui prevista só poderá ser feita se já tiver decorrido o prazo de reclamação de créditos. Note-se que quando é pedida a convocação de uma assembleia pode ainda não estar junta a lista pelo administrador e a lei comete efectivamente este encargo ao juiz, que só poderá avaliar se tiver elementos para tal.

Como referi, não me debruçarei sobre os aspectos substantivos e efeitos da insolvência. Não deixarei, porém, de referir os efeitos processuais – arts. 85.º e ss.

A apensação de acções à insolvência passa a ser mais ampla, como referi.

O art. 86.º, regulando e prevendo a possibilidade de apensação de processos de insolvência exclui, claramente, no seu n.º 3, a possibilidade de apensação de acções a correr termos em tribunais de diferente competência material excepção feita à apensação a requerimento do administrador. Quando os processos corram todos termos em tribunais comuns ou em tribunais de comércio a apensação terá, segundo as regras gerais, que ser feita ao processo mais antigo, na falta de qualquer outro critério.

De notar ainda que as acções declarativas e executivas por dívidas da massa insolvente correm por apenso à insolvência (excepto as execuções fiscais), independentemente da sua natureza, aqui tendo que ser propostas, por exemplo, as acções por créditos de natureza laboral que sejam dívidas da massa insolvente.

O art. 127.º do CIRE consagrou um regime quanto às acções de impugnação pauliana que escapa completamente a este alargamento de apensações.

As acções paulianas são, hoje em dia as acções que mais se apensam ao processo de falência. Optou-se, no novo código pela resolução pelo administrador.

O regime estabelecido nos n.ºs 2 e 3 do CIRE quanto às acções paulianas pendentes regula processos a correr noutros tribunais e que não podem ser apensas à falência. Se o administrador resolver o acto impugnado, tais acções extinguem-se por impossibilidade superveniente da lide. Se o acto não for porém resolvido prosseguem e em caso de procedência o interesse do autor é aferido com abstracção de eventual Plano de Insolvência.

Estamos a falar de um bem ou direito que, se o processo fosse apensado à insolvência, reverteria para a massa, segundo entendimento hoje pacífico. Não o sendo, tal bem será apenas para satisfação de um credor. E, dependendo do estado da acção, a questão fulcral aqui é o conhecimento por parte do administrador de que tal acção existe, que tal bem existe e que é provável a procedência da impugnação e que há, assim, interesse na resolução.

Como o credor impugnante vai beneficiar do não conhecimento na insolvência da acção e da impugnação, permito-me prever efeitos bastante perversos, relativamente aos quais só espero estar enganada.

Verificação e graduação de créditos

Com o novo sistema o juiz, na sentença que decreta a falência, fixa o prazo de reclamação de créditos até 30 dias – art. 36.º, n.º 1, al. *j)*, prazo esse que se começa a contar da publicação do último anúncio publicado nos termos do disposto no art. 37.º n.º 6.

Decorrido o prazo o administrador tem 15 dias para apresentar a relação de créditos reconhecidos e não reconhecidos, reclamados ou não, cabendo-lhe avisar todos os não reconhecidos – art. 129.º.

Nos 10 dias seguintes a este prazo pode qualquer interessado contestar os créditos (existência e/ou montante), podendo o administrador ou qualquer interessado responder nos 10 dias subsequentes – arts. 130.º e 131.º.

Terminado tal prazo a Comissão de Credores tem 10 dias para juntar aos autos o seu parecer, sobre as impugnações – art. 135.º.

Caberá então marcar tentativa de conciliação, em 10 dias, para a qual são convocados todos os que tenham apresentado impugnações e respostas, a Comissão de Credores e o administrador e serão considerados reconhecidos os créditos que sejam aprovados por todos os presentes – art. 136.º.

Caso o processo tenha de prosseguir para julgamento, corre o prazo de 20 dias para realizar quaisquer diligências probatórias que devam ser realizadas antes da audiência e é então designada a audiência de julgamento para os 10 dias seguintes – arts. 137.º e 138.º.

Na audiência aplicam-se as regras do processo sumário, com algumas especificidades, e na sentença o juiz verifica e gradua os créditos.

Se em traços gerais a diferença não parece muito grande face ao regime vigente, o certo é que há vários aspectos substancialmente diferentes que merecem alguns comentários: No art. 128.º, n.º 1 definem-se os requisitos da p.i. de reclamação de créditos, frisando-se a necessidade de junção de todos os documentos probatórios. Devo referir que a não junção de documentos é uma das causas actuais de demora na tramitação destes apensos – a não junção de documentos bastantes é, sem qualquer dúvida, a mais frequente causa de não reconhecimento de créditos, originando notificações para junção dos mesmos.

Regra geral os documentos a juntar são certidões (títulos de crédito, sentenças), que demoram algum tempo a obter, normalmente obrigando a pedidos de prorrogação dos prazos originariamente concedidos.

Não basta, por exemplo, no caso de créditos garantidos sobre bens sujeitos a registo a indicação dos respectivos dados de identificação registral – eles têm que ser verificados e essa verificação pode facilmente consumir grande parte do prazo de 15 dias que o administrador tem para elaborar a lista de credores reconhecidos e não reconhecidos.

Mais, a atempada junção permite uma mais célere decisão – cfr. art. 136.º n.º 5.

No n.º 2 do mesmo artigo prescreve-se que a remessa do articulado é feita para o domicílio profissional do administrador. Embora se preveja uma profunda remodelação do actual estatuto dos gestores e liquidatários e do respectivo recrutamento, um dos problemas concretos que no actual sistema se coloca aos tribunais é a devolução da correspondência remetida para os domicílios dos gestores e liquidatários constantes das listas oficiais.

Sucede com grande frequência, seja por alteração de domicílio não comunicada e em que não é assegurado o reencaminhamento de correspondência, seja por ausências mais ou menos prolongadas e em que tal reencaminhamento não é igualmente assegurado.

Confiamos que o futuro estatuto dos administradores e, principalmente, os mecanismos de recrutamento e implementação eliminarão este tipo de problemas, que, de todo se podem continuar a verificar.

No caso concreto deste preceito estamos ante prazos peremptórios (não obstante o disposto no art. 146.º) que se não compadecem com devolução de correio.

Do art. 129.º n.ºs 1 e 4 resulta a consagração de um sistema novo no nosso direito que constitui uma excepção ao regime do pedido uma vez que podem ser reconhecidos créditos sem que os respectivos titulares tenham de os reclamar. Esta situação pode ter a vantagem de obstar à propositura de acções para verificação de créditos mas também pode ter o inconveniente de se reconhecerem créditos que já não existam (casos em que tenha havido pagamentos e que a contabilidade da empresa não os reflicta).

No art. 130.º n.º 1 define-se quem pode impugnar a lista apresentada pelo administrador. Juntamente com a lista deverá o administrador juntar o comprovativo das notificações a que alude o art. 129.º, n.º 4, o que aliás se mostra necessário para apurar da tempestividade das impugnações.

O art. 130.º, n.º 3 prescreve que, não havendo impugnações, o juiz profere sentença, na qual homologa a lista elaborada pelo administrador e gradua os créditos em atenção ao que consta dessa lista, salvo caso de erro manifesto.

Este preceito estabelece uma verdadeira cominação. O juiz não tem sequer conhecimento da relação material subjacente a cada reclamação, nem tem acesso aos documentos juntos pelos credores, já que o administrador não é obrigado a apresentá-los em tribunal (art.133.º), pelo que ou se limita a homologar a relação do administrador ou terá de o notificar para apresentar em tribunal as reclamações, caso se entenda que tal notificação cabe dentro dos poderes de fiscalização do juiz. Por outras palavras, ou o erro manifesto resulta da própria lista ou não será perceptível ao juiz.

Consagra-se aqui um novo prazo célere – de imediato – que, tendo em conta a complexidade que ora reveste a graduação, face à introdução de várias classes de credores poderá ser impraticável, dependendo muito da qualidade da lista, que dependerá da qualidade dos articulados de reclamação.

Quanto à graduação de créditos a situação é idêntica. O juiz não pode sequer aferir se as garantias referidas pelo administrador estão correctas.

Esta solução vai levantar alguns problemas não sendo líquido concluir que caberá aos credores fiscalizar a actividade do administrador. Com efeito como é que um credor verifica que um crédito é garantido, em em que medida, por hipoteca? Vai à Conservatória confirmar? Não me parece viável.

O art. 131.º n.º 1 define quem tem legitimidade para responder à impugnação, legitimidade essa que confere a "qualquer interessado que assuma posição contrária à de qualquer impugnação". O que é um "interessado que assuma posição contrária à de qualquer impugnação" não é definido deixando esta redacção margem para algumas dúvidas.

De frisar que é aplicável o disposto no art. 24.º n.º 2, al. *c)* ou seja, com os articulados devem ser juntos e requeridos todos os meios de prova.

Saindo do capítulo da verificação e graduação de créditos há ainda algumas normas directamente relacionadas com esta matéria que interessa apreciar.

Por força do disposto no art. 48.º, n.º 1, al. *b)* os créditos do insolvente continuam a vencer juros após a declaração de insolvência. Não se vê qualquer vantagem em alterar o sistema vigente, de acordo com o qual todos os créditos se vencem com a declaração de falência e faz cessar nessa data a contagem dos juros, sistema que parece mais vantajoso e que confere um tratamento mais igualitário a todos os credores e que permite ao juiz, quando verifica e gradua os créditos, fixar montantes precisos, não havendo necessidade de calcular juros posteriormente a esta data.

O art. 51.º, n.º 1, al. *a)* estabelece que são dívidas da massa as custas do processo de insolvência, deixando de fora todas as custas judiciais que devam ser suportadas pela massa, desaparecendo a regra hoje consagrada no art. 208.º do Código dos Processos Especiais de Recuperação da Empresa e de Falência.

Foram novamente introduzidos os privilégios do Estado – art. 97.º n.º 1, als. *a)*, *b)* e *c)* –, embora parcialmente. Para os efeitos pretendidos, essencial seria minimizar os tempos de resposta do Estado o que só é conseguido com uma efectiva fiscalização e com o reforço dos meios inspectivos, sem o que esta medida não passará de uma penalização para os demais credores.

O art. 146.º n.º 2 veio finalmente resolver uma questão profundamente discutida e objecto de decisões em sentidos diversos desde o art. 1241.º do Código de Processo Civil: a de saber se o prazo do n.º 2 se aplica apenas às reclamações de créditos ou também às reclamações de separação ou restituição.

Qualificação da insolvência

Trata-se de matéria nova, tendo-se optado pelo afastamento completo do regime hoje previsto nos arts. 126.º e ss. – a responsabilização solidária pelo passivo, falências derivadas e conjuntas.

Começando pelo incidente pleno de qualificação, regime regra, ele é aberto pela própria sentença de declaração de insolvência – há aqui que referir o que me parece ser um lapso de escrita do texto da lei: a al. *i)* do n.º 1 do art. 36.º, que, em versões anteriores estatuía a declaração de abertura do incidente surge agora repetindo a al. *a)*, ou seja a indicação da data e hora da prolacção da sentença – e, 15 dias volvidos sobre a realização da assembleia de apreciação do relatório qualquer interessado pode alegar, por escrito, o que tiver por conveniente para efeito de qualificação da insolvência.

Em 15 dias o administrador apresenta parecer, o qual vai com vista ao Ministério Público para que se pronuncie em 10 dias.

Se, independentemente do que qualquer interessado tenha alegado, o administrador e o Ministério Público concordarem na qualificação da insolvência como fortuita é de imediato proferida decisão, irrecorrível, encerrando-se o incidente.

Não sendo o caso abre-se a fase de contraditório: o devedor e os afectados propostos pelo Ministério Público e administrador são notificado o primeiro e citados os segundos para querendo deduzirem oposição em 15 dias.

Há ainda lugar a resposta, em 10 dias, e seguem-se os termos previstos para a reclamação de créditos, com as devidas adaptações.

A sentença qualifica a insolvência e prescreve, como consequências para a qualificação como culposa, a inabilitação dos afectados por um período de 2 a 10 anos, a sua inibição para o exercício do comércio e para a ocupação de cargos sociais também por um período de 2 a 10 anos e a perda de créditos que os afectados tenham sobre a insolvência e condenação na restituição do já recebido, sendo o caso.

É nomeado um curador, que dificilmente não será uma das pessoas especialmente relacionadas com o devedor ou afectados, atento o disposto no art. 143.º do Código Civil, aplicável ex vi art. 156.º do mesmo diploma.

O incidente limitado que conclua pela qualificação culposa exclui a última consequência supra enumerada.

Termino com um voto de que o presente diploma venha efectivamente a conseguir os seus intentos, e que todas as medidas que se me afiguram necessárias para tal venham a ser tomadas em tempo útil.

(O presente texto muito deve à preciosa ajuda e colaboração da Sra. Dra. Maria José de Almeida Costeira, magistrada do Tribunal de Comércio de Lisboa que, com a signatária, analisou e discutiu as questões suscitadas)

AS OPERAÇÕES DE SAÍDA DO MERCADO

PAULO CÂMARA
Assistente da Faculdade de Direito de Lisboa
Director do Departamento de Supervisão de Informação Financeira
e de Operações da CMVM*

---

* As opiniões aqui expressas são-no a título individual.

§ 1.º
As operações de saída de mercado: introdução e quadro geral

1. Apresentação do tema

I – Todos os mercados conhecem ciclos. O mercado bolsista não constitui excepção. Os momentos de alta bolsista (designados *bull markets*) são seguidos por fases de baixa de cotações (*bear markets*), até novo ciclo de valorização bolsista – e assim sucessivamente.

Também se constata empiricamente que aos diversos momentos do ciclo de mercado correspondem tendências igualmente diversas nas operações de dispersão e de concentração do capital social. Assim, as fases de alta de cotações estimulam novas sociedades a distribuir pelo mercado acções representativas do seu capital através de ofertas públicas de subscrição e ofertas públicas de venda (*going public*). Nas fases depressivas, por seu turno, é usual deparar com várias sociedades a retirar-se do contacto com o mercado de valores mobiliários (*going private*).

II – Este duplo movimento pendular, por si, já justificaria a relevância de nos ocuparmos das operações de saída. A isto soma-se o elevado número de operações de saída do mercado, em tempos recentes, em Portugal.

Merece a pena verificar os números. Desde a entrada em vigor do actual Código dos Valores Mobiliários e até final do ano de 2003, foram registadas 23 aquisições potestativas e 25 perdas de qualidade de sociedade aberta. Isto perfaz, ao longo de 4 anos, 48 operações de saída do mercado contra apenas 8 novas admissões à bolsa no mesmo período (3 dispersões através de oferta pública de subscrição e 5 através de oferta pública de venda). Estes dados são reveladores quanto a um número significativamente superior de operações de saída relativamente às operações de dispersão inicial em mercado, embora esta diferença se tenha ultimamente matizado[1]. Demais, este levantamento mostra uma tendência de concentração de propriedade accionista em Portugal. Esta tendência de concentração da propriedade accionista contrasta com a tendência detectada na maioria dos países europeus, que aponta no sentido de um aumento da dispersão da propriedade accionista[2].

A constatação apresentada obriga naturalmente a uma reflexão profunda sobre as causas de tão significativa desertificação do mercado accionista português e, no plano da política legislativa, sobre as medidas que deveriam ser adoptadas para facilitar uma inversão do ciclo. Mas esse é um exercício que se queda fora do âmbito deste trabalho.

III – Aqui propomo-nos analisar juridicamente as três operações de saída de bolsa: a exclusão de bolsa, a perda de qualidade de sociedade aberta e a transmissão potestativa tendente ao domínio total. Apesar de todos estes institutos serem objecto de

---

[1] Das aquisições potestativas cotejadas, em causa estão 8 registadas em 2000, 7 em 2001, 5 em 2002 e 3 em 2003. Por outro lado, têm-se em vista 13 perdas de qualidade de sociedade aberta declaradas em 2000, 5 em 2001, 6 em 2002 e 1 em 2003. Esta informação é baseada nos Relatórios sobre a Situação dos Mercados de Valores Mobiliários da CMVM, respeitante aos anos em questão e disponíveis em < www.cmvm.pt >.

[2] STEEN THOMSEN, *The Convergence of Corporate Governance Systems to European and Anglo-American Standards*, European Business Organization Law Review 4 (2003), 31-50 (43).

previsão no Código dos Valores Mobiliários, são-no em locais separados: a exclusão de bolsa é tratada legislativamente nos arts. 207.º a 209.º CVM; da perda de qualidade de sociedade aberta ocupam-se os arts. 27.º a 29.º CVM; e à transmissão potestativa tendente ao domínio total são dedicados os arts. 194.º a 197.º CVM. Assim, não se encontra no Código um tratamento unificado destas operações, o que justifica que se ensaie aqui uma análise transversal das mesmas.

Trata-se, convém lembrá-lo, de *operações* financeiras – logo, de processos que compreendem em termos estruturais um conjunto de actos jurídicos e materiais e que se realizam em mercados financeiros[3]. A sua finalidade é comum – a retirada de sociedades anónimas do contacto com o mercado de valores mobiliários, por forma a tornar-se (mais) fechada a sua estrutura accionista (*public-to-private transactions*).

2. Delimitação negativa: a extinção do valor mobiliário

I – Cumpre apresentar uma explicação relativamente à delimitação que foi aqui efectuada quanto ao âmbito deste trabalho. De facto, certas operações de saída de mercado (a saber: as operações de exclusão de bolsa) poderiam estudar-se em relação a qualquer tipo de valor mobiliário.

O tema deve ser atravessado, porém, por uma distinção primordial: a que separa a saída de mercado de acções da saída de mercado de outros tipos de valores mobiliários.

---

[3] Sobre este conceito, pode consultar-se PAULO CÂMARA, *Emissão e Subscrição de Valores Mobiliários*, em *Direito dos Valores Mobiliários*, Lex, Lisboa (1997), 208. Diversa é a acepção civilística de operação, enquanto acto voluntário, em que irreleva a finalidade do agente e que se apresenta destituído de função comunicativa: cfr. sobre esta OLIVEIRA ASCENSÃO, *Teoria Geral do Direito Civil*, II vol. Coimbra (2003), 42-43, 493-494.

Na segunda categoria de situações, quando respeitante à saída de mercado de valores mobiliários com prazo determinado, o tema articula-se com a problemática, usualmente pouco estudada, da extinção do valor mobiliário – o que autoriza um sintético comentário a esse propósito.

II – Os valores mobiliários são direitos representados que fundam a sua existência em operações colectivas de investimento e que são susceptíveis de transmissão em mercado. Assim, se as situações jurídicas representadas se extinguem, o valor mobiliário extingue-se igualmente.

Para uma ilustração, indicam-se duas modalidades de extinção dos valores mobiliários: a caducidade (figure-se o caso dos *warrants* que não são exercidos, por atingirem o prazo de vencimento *out-of-the money*); e o cumprimento (seja o caso de valores mobiliários representativos de dívida após o pagamento do capital e juros). Em ambas estas situações, ainda que acidentalmente subsista o documento (papel ou registo informático), este deixa de ter as funções de legitimação e de representação associado ao valor mobiliário. Será uma forma sem direito: não é, já, valor mobiliário.

Compreende-se deste modo que os valores mobiliários, nos casos assinalados, sejam susceptíveis de extinção. Tratando-se de valores admitidos à negociação em mercado, com a extinção cessa automaticamente a negociação, havendo lugar à sua exclusão.

Análise separada reclama a saída de mercado dos fundos de investimento, por remeter para uma problemática prenhe de especificidades[4], sem grandes pontos em comum com as acções

---

[4] Tem interesse mencionar uma situação particular para a saída de mercado dos fundos de investimento imobiliário: na lei prevê-se um regime simplificado para fundos com menos de 200 participantes (art. 4.º, n.º 3 e art. 48.º DL 60/2002, de 20 de Março.

– salvo, claro está, quando os fundos são dotados de personalidade jurídica[5]. Não nos deteremos aqui em tais especificidades.

III – Sobra o campo principal de análise neste texto, relacionado com operações de retirada de mercado de participações accionistas[6], usualmente ligadas a processos de concentração de controlo. Limitar-nos-emos, assim, a estas – tratando-se de operações que, portanto, não suponham a extinção do valor mobiliário em si.

Ainda quanto à delimitação da análise a efectuar, deve aduzir-se um comentário quanto à não consideração, neste quadro, das aquisições de acções próprias. Nos Estados Unidos, estas são sujeitas às regras atinentes às operações de saída do mercado, o que implica exigências informativas detalhadas, designadamente quanto ao objectivo da transacção de acções próprias, à justeza da contrapartida e aos acordos que rodearam a operação (*Schedule* 13E-3 da SEC)[7]. E entende-se, sem dificuldade, que a aquisição de acções próprias (realize-se esta em bolsa ou através de OPA) possa reduzir ou anular o *free-float* accionista. No entanto, no contexto português, na inexistência de regras semelhantes às impostas nos EUA pela *Securities and Exchange Commission* e, sobretudo, atenta a limitação quantitativa da aquisição de acções próprias (art. 317.º, n.º 2 CSC),

---

[5] O novo regime dos organismos de investimento colectivo, fixado no DL n.º 252/2003, de 17 de Outubro, admite já a possibilidade de estas instituições assumirem a forma de sociedade de investimento mobiliário, remetendo a sua regulamentação para legislação especial (art. 4.º, n.ºs 1 e 3), à data inexistente.

[6] A operação de perda de qualidade de sociedade aberta pode envolver acções e outros valores que atribuam o direito à aquisição de acções (valores convertíveis ou com warrant): cfr. *infra*, § 3.º.

[7] THOMAS LEE HAZEN, *Treatise on the Law of Securities Regulation*[3], Vol. 2 (1995), 312-316.

não parece justificado tratar a aquisição de acções próprias em pé de igualdade com as operações de saída de mercado atrás arroladas.

3. Os interesses em jogo e os principais vectores do regime adjacente

I – Importa ponderar os interesses em presença neste tema. De um lado, pode sustentar-se ser interesse da sociedade retirar-se do mercado, se já não o utiliza como fonte de financiamento e se os custos suportados com a cotação – relacionados sobretudo com a prestação de deveres de informação, com os encargos atinentes aos relatórios de auditoria e com as comissões bolsistas – não são compensados com os benefícios de ter uma malha mais ampla de accionistas[8].

Em causa podem estar igualmente os interesses dos accionistas dominantes, se tivermos presente que as operações de saída de mercado são frequentemente etapas finais de processos transmissivos – seguindo-se a aquisições bem sucedidas do domínio de sociedades abertas, através de ofertas públicas de aquisição. Ou, em cenário diferente, os accionistas dominantes podem entender simplesmente que o momento não é propício para colocar as suas acções à venda em mercado.

De outro lado, os sócios minoritários podem sentir-se lesados com estas operações, conquanto a liquidez dos seus títulos – em muitos casos já de si reduzida – diminui-se substancialmente com a concretização da decisão de saída de mercado.

---

[8] Nos Estados Unidos, estimou-se que os encargos directos derivados da cotação de uma sociedade podem ascender a 400.000 USD: RONALD GILSON/ BERNARD BLACK, *The Law and Finance of Corporate Acquisitions*², New York, (1995), 1245-1246. Os mesmos autores matizam o peso deste argumento, chamando a atenção para o facto de estes custos não aumentarem proporcionalmente quando aumenta a dimensão da sociedade (p. 1246).

Ora, a liquidez dos valores mobiliários – ou seja, a medida da susceptibilidade de surgimento de interessados na sua transmissão – afecta negativamente a posição dos investidores na medida em que as dificuldades em encontrar contraparte negocial conduzem usualmente os potenciais alienantes a dispor-se a vender os valores por um preço inferior[9].

Resta considerar que, quando a saída de mercado envolva processos aquisitivos, é natural a contraposição de interesses entre o accionista maioritário, que se apresenta como comprador, e os accionistas minoritários, que são potencialmente vendedores das suas participações. O ponto é particularmente crítico em operações que impliquem transmissão forçada de acções[10].

II – Ainda em sede de uma contextualização preliminar, há interesses públicos na preservação da confidencialidade do processo de preparação destas operações que merecem ser relembrados.

Releva desde logo anotar que se podem colocar problemas de *insider trading* em relação à decisão de saída. Basta lembrar que a preparação das decisões aqui envolvidas preenche normalmente um período temporal considerável no conhecimento reservado de um círculo restrito de pessoas (fundamentalmente, os administradores e seus auxiliares) e que o anúncio da decisão é usualmente susceptível de influenciar os preços em mercado: trata-se de elementos importantes para que o tipo criminal previsto no art. 378.º CVM possa estar em causa[11].

---

[9] NIAMH MOLONEY, *EC Securities Regulation*, Oxford (2002), 83.
[10] Cfr. *infra*, § 4.º.
[11] Em geral, cfr. nomeadamente LOUIS LOSS/ JOEL SELIGMAN, *Securities Regulation*[3], Aspen, Vol. VIII Revised, (2004), 3605-3613 (qualificando directamente as operações de aquisições de acções próprias como situações em que a sociedade é *insider*); DONALD LANGEVOORT, *Insider Trading*[5], Deerfield/ New York/Rochester (1996), § 5.01-§ 5.03. Especificamente sobre situações de saída de mercado: THEODORE LEVINE, *The Proposed SEC Going Private Rules*, Business Lawyer Vol. 32 (1977), 1511--1512; ROBERT CLARK, *Corporate Law*, Aspen, (1986), 507-508.

Em particular, quando decidida a realização de uma operação de saída envolvendo um processo de aquisição, o respectivo anúncio pode provocar um aumento de cotações. Neste contexto, a lei veda que o adquirente adie a comunicação da decisão ao mercado para se aproveitar para adquirir valores antes da previsível subida de cotações: tal uma decorrência da incriminação do abuso de informação e da imediatividade de constituição do dever de comunicação de factos relevantes (cfr. neste sentido os arts. 248.º e 194.º, n.º 2 CVM)[12].

A perigosidade de existência de comportamentos de abuso de informação privilegiada é especialmente acentuada quando as operações de saída de mercado têm na sua base aquisições feitas por membros do órgão de administração em funções (*management buy-outs*) ou aquisições feitas à custa de financiamentos garantidos pela sociedade visada na aquisição (*leveraged buy-outs*)[13]. Não se entrará, todavia, nas particularidades destas operações, já que tal nos desviaria do rumo deste trabalho.

III – As operações de saída do mercado justificam, ainda, uma renovada atenção porque foram, em parte, sujeitas a uma recente intervenção comunitária. Com efeito, a nova 13.ª Direc-

---

[12] Frise-se que a ligação entre dever de comunicação de factos relevantes e insider trading foi reforçada com a nova Directiva de Abuso de Mercado, onde os dois temas são tratados conjuntamente (arts. 2.º-4.º e 6.º da Directiva 2003/6/CE, de 28 de Janeiro de 2003) [cfr. a propósito JENS FÜRHOFF, *Neuregelung der Ad-hoc-Publizitätspflicht auf europäischer Ebene*, AG n. 2 (2003), 80-85]. Por outro lado, não cabe discutir aqui a extensão do tipo de abuso de informação privilegiada aos casos em que a sociedade a que respeite a informação constitua o próprio *insider*. Sobre a conformidade dessa leitura com o texto da Constituição veja-se por último o acórdão do Tribunal Constitucional n.º 494/03, de 22 de Outubro de 2003 (Processo n.º 140/03, 3.ª Secção, de que foi relator o Conselheiro GIL GALVÃO), disponível em < http://www.tribunalconstitucional.pt/jurisprudencia.htm >.

[13] MENEZES CORDEIRO, *Da Tomada de Sociedades (Takeover): Efectivação, Valoração e Técnicas de Defesa*, ROA(1994), 769-771.

tiva sobre Direito das Sociedades, em matéria de ofertas públicas de aquisição, tratou do tema da transmissão potestativa após o lançamento de OPA nos seus arts. 15.º e 16.º.

Tal intervenção surge na sequência das conclusões extraídas por dois grupos de análise constituídos por impulso da Comissão Europeia. De um lado, para tal contribuiram parcialmente as conclusões extraídas no contexto do SLIM Group – que aconselhou uma simplificação dos esquemas de aquisição potestativa de acções[14] – a que se juntaram, em termos mais decisivos, as propostas apresentadas pelo Grupo de Alto Nível em Matéria de Direito das Sociedades, presidido pelo Professor JAAP WINTER, no seu primeiro relatório (usualmente referido como Relatório Winter I)[15]. Entretanto, o FORUM EUROPAEUM também emitira um documento de reflexão sobre o direito dos grupos na Europa, em que se pronunciara em sentido favorável à transmissão potestativa[16].

Apesar deste texto normativo europeu, convém deixar esclarecido que a saída de mercado continua a ser uma zona não integralmente harmonizada no direito dos valores mobiliários europeu. Impressiona designadamente que as Directivas mais directamente vocacionadas para curar das questões de admissão em mercado (agora consolidadas na Directiva n.º 2001/34/CE) tenham omitido qualquer menção à respectiva exclusão.

Registe-se também que, segundo o Plano de Acção de Direito das Sociedades aprovado pela Comissão Europeia, é previsível que uma próxima modificação da Segunda Directiva de Direito das Sociedades venha igualmente a mostrar interfe-

---

[14] COMPANY LAW SLIM [Simpler Legislation for the Internal Market] GROUP, *Recommendations on the Simplification of the First and Second Company Law Directives*, (2000), 4, 13.

[15] HIGH LEVEL GROUP OF COMPANY LAW EXPERTS, *Report on Issues related to Takeover Bids*, (2002), 54-70.

[16] Cfr. FORUM EUROPAEUM, *Corporate Group Law for Europe*, Stockholm (2000), 71-78.

rência na transmissão potestativa, neste caso desligando o tratamento do tema de anterior lançamento de OPA pelo adquirente[17]. A mencionada Comunicação da Comissão Europeia baseou-se nos Relatórios do Grupo de Peritos de Alto Nível em Direito das Sociedades, que indicaram a proposta de generalização dos *squeeze-out rights* e os *sell-out rights* entre um lote de medidas para modernizar o quadro comunitário quanto ao direito das sociedades[18]. Todavia, este anúncio justifica alguma apreensão, receando-se que não se tenha reflectido suficientemente sobre a articulação que esta futura disciplina comunitária merecerá em relação à constante do art. 15.º e 16.º da Directiva das OPAs. Com efeito, se a transmissão potestativa a prever na futura alteração da Segunda Directiva de Direito das Sociedades atingir as sociedades cotadas, corre-se o risco de tornar quase inútil o disposto na Directiva das OPAs, que assenta na apresentação de uma OPA antecedente à saída de mercado[19]. Se, ao invés, a proposta de texto comunitário apenas se dirigir a sociedades não-cotadas, a questão deve ser examinada em articulação com os mecanismos de exoneração, como recomendado pelo Grupo de Peritos[20].

---

[17] EUROPEAN COMMISSION, *Modernizing Company Law and Enhancing Corporate Governance in the European Union: A Plan to Move Forward*, (21.05.2003), 21.
[18] HIGH LEVEL GROUP OF COMPANY LAW EXPERTS, *Report on a Modern Regulatory Framework for Company Law in Europe*, (4.11.2002), 109-110.
[19] Sobre este ponto, remete-se para o desenvolvimento *infra*, § 4.º, 11.
[20] Id., ibid., 110.

§ 2.º
A exclusão de cotação

4. A admissão à negociação em mercado; quadro geral

I – Antes de examinar a exclusão, revela-se necessária uma referência sumária à negociação em mercado bolsista. A negociação de acções em mercado regulamentado constitui o central – conquanto que não único – meio de dispersão da propriedade accionista pelo público.

A negociação continuada em mercado regulamentado, como aliás em qualquer mercado, funda-se num acto de *admissão* decidido por regra pela entidade gestora do mercado a requerimento do emitente[21]. A admissão em bolsa afecta a esfera jurídica do emitente dos valores mobiliários, designadamente pelo acervo de deveres de prestação de informação a que fica sujeito – designadamente o dever de publicação integral de documentos de prestação de contas (anuais, semestrais e, sendo caso disso, trimestrais, conforme dispõem os arts. 245.º e 246.º do Código e art. 10.º do Regulamento da CMVM n.º 4/2004), o dever de auditoria às contas anuais e semestrais através de auditor registado na CMVM (art. 8.º CVM) e o dever de prestar informação sobre factos relevantes (art. 248.º CVM). Por esse motivo, exige-se uma manifestação de vontade desse emitente[22], através da

---

[21] Confronte-se, naturalmente entre muitos, E. SCHWARK, *Börsengesetz Kommentar*², München (1994), 262-280 (Anm. § 36).

[22] A lei não especifica que órgão terá competência para tal, devendo concluir-se, no caso de sociedades anónimas, que o órgão de administração

apresentação de um pedido de admissão. O deferimento deste pedido realiza-se naturalmente através de uma decisão de admissão tomada pela entidade gestora da bolsa, cabendo entretanto à CMVM a aprovação do competente prospecto de admissão. Esse é o figurino usual, decorrente do art. 205.º, n.º 1 CVM.

II – Este cenário principal sofria dois desvios no regime precedente – reconhecendo-se aí a admissão oficiosa e a admissão a pedido de titulares dos valores. Actualmente, o quadro de excepções no Código dos Valores Mobiliários apresenta algumas diferenças[23].

De facto, o Código anterior referia-se a uma admissão oficiosa, imposta fosse por despacho do Ministro das Finanças, fosse pela CMVM, em casos em que tal se revelasse indispensável para a adequada defesa dos investidores e do mercado em geral[24]. No entanto, a figura desapareceu no direito vigente – de tal modo que mesmo a admissão de valores mobiliários emitidos pelo Estado depende de decisão da entidade gestora de bolsa.

Mas subsiste agora – à semelhança do direito pregresso[25] – a previsão de que o requerimento possa ser apresentado por uma percentagem dos titulares de acções, fixada em 10 %. No contexto da cotação de acções, temos portanto um direito que se filia na tutela dos sócios minoritários. Diga-se de outro modo: embora inserido no Código dos Valores Mobiliários, o direito a solicitar a admissão à negociação é claramente um direito de minorias, tendente a salvaguardar a liquidez dos valores mobiliários na

---

terá poderes bastantes para o efeito. O ponto pode ser mais problemático em caso de exclusão, adiante considerado (cfr. *infra*, § 2.º, 5. e 6.).

[23] Não se refere aqui o caso de admissão obrigatória de acções (art. 228.º, n.º 6 CVM), que não prescinde todavia do pedido de admissão pela sociedade e da decisão de admissão pela entidade gestora da bolsa.

[24] Art. 315.º Cód MVM.

[25] Art. 312.º, n.º 2 *a)* Cód MVM.

posse de uma parcela de minoritários[26]. Não se afigura, por outro lado, estar aqui em causa a protecção dos pequenos aforradores dadas as dificuldades gerais de actuação colectiva e porque a lei não disponibiliza nenhum meio de concertação de vontade de investidores dispersos que pretendam lançar mão deste expediente.

A Directiva do Parlamento Europeu e do Conselho n.º 2004//39/CE relativa aos mercados de instrumentos financeiros aditou mais uma excepção a este quadro, prevendo a possibilidade de ocorrer uma admissão em mercado regulamentado ou em sistema de negociação multilateral, sem consentimento do emitente, se os valores mobiliários estiverem já admitidos à negociação em outro mercado regulamentado[27]. Embora pressuponha uma admissão prévia, trata-se de um passo no sentido da diminuição da relevância da vontade da sociedade na admissão à negociação. Nestes casos, porém, o emitente não ficará sujeito a qualquer obrigação directa de prestação de informações, relativamente a qualquer mercado regulamentado ou sistema de negociação multilateral que tenha admitido os seus valores mobiliários à negociação sem o seu consentimento. Esta solução foi (antecipadamente) transposta para o direito nacional com a revisão do Código dos Valores Mobiliários operada pelo DL n.º 66/2004, de 24 de Março, através da inclusão de uma nova alínea (a alínea *c)*) no n.º 2 do art. 205.º.

III – À luz do direito nacional, a admissão à negociação solicitada por minorias far-se-á mais facilmente em mercados não-regulamentados do que em mercados regulamentados.

---

[26] A regulação destes casos não previu directamente, todavia, a estatuição de um dever de colaboração do emitente para a conformação do prospecto de admissão, contrariamente ao disposto para OPV promovida unilateralmente por um sócio (art. 171.º CVM).

[27] Art. 14.º, n.º 6 e art. 40.º, n.º 5 da Directiva relativa aos mercados de instrumentos financeiros, que altera as Directivas 85/611/CEE e 93/6/CEE do Conselho e a Directiva 2000/12/CE do Parlamento Europeu e do Conselho e que revoga a Directiva 93/22/CEE do Conselho.

Com efeito, em geral os minoritários só podem requerer a admissão a mercado não regulamentado – segundo o disposto no art. 205.º n.º 2 CVM. Porém, é-lhes facultada legitimidade para solicitar a admissão à bolsa se a sociedade for aberta (art. 233.º 1. b) CVM).

A razão de ser deste regime diferenciado prende-se com a circunstância de a admissão à negociação em mercado regulamentado de acções implicar a aquisição de qualidade de sociedade aberta[28]. Assim, a lei não pretende que, por acto unilateral dos minoritários, a sociedade adquira esse estatuto, com as consequências daí decorrentes.

Neste ponto, pode invocar-se o paralelo com o art. 13.º n.º 2 do Código dos Valores Mobiliários, preceito que acautela preocupações semelhantes, ao facultar a possibilidade de se prever uma restrição estatutária para o lançamento de OPV de acções de sociedades fechadas – operação que igualmente determinaria a aquisição da qualidade de sociedade aberta.

Frise-se no entanto que a admissão à negociação de acções em mercado regulamentado requerida por minorias – apenas possível, como vimos, se a sociedade for aberta – não é isenta de consequências. De um lado, a admissão inclui todos os valores da mesma categoria (art. 232.º, n.º 2 CVM) e não apenas os detidos pelos requerentes. Assim, a admissão requerida pelos minoritários afecta a posição de terceiros, ao acrescentar novas formas de negociabilidade de valores mobiliários que não estão na titularidade daqueles. De outro lado, a admissão torna a sociedade obrigada à prestação de informação regular e por factos relevantes. A sociedade fica assim constituída no dever de prestar informação aos investidores, não obstante não ter solicitado a admissão.

IV – O acto de admissão baseia-se em regras legais, regulamentares e em cláusulas contratuais gerais impostas pela própria entidade gestora de mercado, atinentes à qualidade da so-

---

[28] Art. 13.º, n. 1c) CVM.

ciedade ou dos valores por ela emitidos (por exemplo, quanto à sua negociabilidade (art. 204.º n.º 2. a) e quanto à sua dispersão (art. 228.º, n.º 1 a) CVM)[29].

E os requisitos de admissão são mais exigente na admissão à negociação em bolsa ou em outros mercados regulamentados (arts. 227.º-ss CVM) do que na admissão à negociação em mercados não regulamentados (art. 204.º-ss CVM). Paralelamente, há um peso maior dos deveres informativos nos mercados regulamentados relativamente a mercados não regulamentados.

Como conclusão destas linhas, pode afirmar-se que na admissão em bolsa o peso de regras injuntivas é incontornável, o que encontra explicação no facto de uma parcela significativa do regime da admissão corresponder a transposição de directivas comunitárias[30].

Perante este cenário, deve também notar-se que a parcela de deveres impostos contratualmente tende a aumentar. As entidades gestoras criam segmentos especiais de mercado, com vista a assegurar maior visibilidade às empresas, em contrapartida de deveres contratuais específicos. Concebem-se, pois, hierarquizações adicionais dentro dos mercados regulamentados ou dentro dos mercados não regulamentados, designadamente em função dos critérios de admissão ou dos deveres de informação ou de governação impostos às sociedades admitidas. A isso conduz a concorrência entre entidades gestoras de mercados e, bem assim, a circunstância de, em muitos países (entre os quais Portugal), as entidades gestoras de bolsas assumirem a natureza de sociedades anónimas. Apesar do interesse público no bom funciona-

---

[29] Entre muitos, cfr. GUIDO FERRARINI, *Sollecitazione del risparmio e quotazione in borsa*, in G. COLOMBO/ G. PORTALE, *Trattato delle Società per Azioni*, Torino (1993), 184-249; CARSTEN PETER CLAUSSEN, *Bank- und Börsenrecht*, (1996) 306-314.

[30] Consulte-se, em particular, os arts. 42.º a 63.º da Directiva n.º 2001//34/CE. Uma boa ilustração destas regras é-nos fornecida por NIAMH MOLONEY, *EC Securities Regulation*, cit., 83-117.

mento do mercado, o escopo lucrativo das bolsas é, assim, inteiramente assumido – e a criação de segmentos de mercado apresenta-se como elemento concorrencial de atracção de empresas para a cotação bolsista.

Refira-se marginalmente que estes dados obrigam a apreciar a uma diferente luz a auto-regulação bolsista. A vocação comercial e lucrativa das bolsas diminui o seu (possível) papel como crivo de legalidade do sistema mobiliário[31]. Aliás, pode qualificar-se como contrastante a solução portuguesa, que concedeu com o Código de 1999 um interessante espaço para a auto-regulação, designadamente de regras aprovadas por entidades gestoras de mercados (art. 372.º CVM), ao mesmo tempo que sistemas tradicionalmente mais auto-reguladores, como é o caso inglês, abandonavam esse modelo[32].

V – É incontornável aflorar aqui a natureza da relação que liga a entidade gestora de mercado e a entidade emitente e da qual decorre a negociação no mercado gerido por aquela dos valores emitidos por esta.

Se atendermos a experiências jurídicas estrangeiras, verificamos que o tema não impõe uma resposta única, conhecendo-se sistemas no âmbito dos quais é pacífica a afirmação da natureza privada do acto de admissão[33] e outros em que se aponta como de direito público o acto de admissão[34].

---

[31] Os casos de auto-cotação (cotação da bolsa na própria bolsa) são a este propósito particularmente elucidativos quanto à possibilidade de ocorrência de conflito de interesses: GUIDO FERRARINI, *L'ammissione a quotazione: natura, funzione, responsabilità e* self listing, CEDIF Working Paper n. 1 (2002), 25-33.

[32] FINANCIAL SERVICES AUTHORITY, *The transfer of the UK Listing Authority to the FSA*, Consultation Paper n. 37 (1999).

[33] É pacificamente o que sucede em Itália. GUIDO FERRARINI, *L'ammissione a quotazione: natura, funzione, responsabilità e* self listing, cit., 2.

[34] Na Alemanha, admissão é decidida por uma comissão pública constituída junto de cada bolsa (*Zulassungsstelle*). Nessa medida, a qualificação

Entre nós, à partida dir-se-ia tratar-se de uma pura relação contratual de direito privado, não só dada a natureza privada da entidade gestora mas sobretudo atendendo à sua posição desprovida de *jus imperii*.

E em termos estruturais assim é: a admissão funda-se essencialmente num encontro de vontades que desencadeia deveres para a entidade gestora (respeitantes, v.g., ao bom funcionamento das estruturas de negociação e à divulgação de informação) e igualmente para a sociedade emitente dos valores cotados (deveres de informação, entre outros). Ainda que com características peculiares, trata-se de um contrato de prestação de serviços atinentes à negociação bolsista.

Não obstante, sucede que, em Portugal, a relação em apreço é igualmente contaminada por normas de direito público. Saliente-se, de um lado, o dever da entidade gestora promover a exclusão de negociação, quando os requisitos de admissão deixaram de se verificar ou quando tenham ocorrido circunstâncias que perturbem a normal negociação (art. 207.º). Além disso, determina-se que a CMVM poderá intervir, ordenando a exclusão ou estendendo o seu âmbito (art. 208.º). Acresce que a lei manda observar regras do Código de Procedimento Administrativo quando há admissão, suspensão ou exclusão de cotação. Por outro lado, das mencionadas decisões da bolsa cabe recurso para a CMVM, e não para os tribunais – sendo que, por seu turno,

---

da admissão como acto administrativo é indiscutível (WOLFGANG GROβ, *Rechtsprobleme des Delisting*, ZHR 165 (2001), 146-147; CARSTEN PETER CLAUSSEN, *Bank- und Börsenrecht*, cit., 286-288, 293-294, 310; RÜDIGER VON ROSEN, in HEINZ-DIETER ASSMANN/ROLF SCHÜTZE, *Handbuch des Kapitalanlagerechts*[2], (1997), 84). Na mesma linha, em termos jurisprudenciais, sobre a qualificação do acto de exclusão pela bolsa como acto administrativo, consulte-se nomeadamente a decisão do Tribunal administrativo de Frankfurt (1.ª instância) de 2.11.2001, AG n.º 4 (2003), 218-221; e sobre a relação jus-publicística de admissão (embora admitindo a interferência de alguns elementos de direito privado, a propósito do Neuer Markt), veja-se a decisão do LG de Frankfurt de 16.8.2001, AG n.º 1 (2002), 53-56.

das decisões da CMVM cabe recurso para os tribunais administrativos[35]. Frise-se ainda que a entidade gestora está obrigada a deveres de defesa do mercado[36] que também se manifestam na admissão e exclusão de valores.

Pode questionar-se se é justificada a persistência de todos estes traços jus-publicísticos, que figuram como resíduo da pretérita natureza pública das bolsas. Seja como for, é de concluir que em Portugal a relação de admissão, assumindo embora fundo contratual, não deixa de combinar zonas de direito privado e zonas de direito público.

VI – Resta acrescentar que a admissão à negociação em mercado não funda nenhuma relação directa entre a entidade gestora e os investidores nos valores mobiliários negociados em bolsa.

Por isso, refere o art. 234.º, n.º 2 CVM que a decisão de admissão não envolve qualquer garantia quanto ao conteúdo da informação, à situação económica ou financeira do emitente, à viabilidade deste ou à qualidade dos valores mobiliários admitidos. Identicamente, as regras sobre responsabilidade pelo prospecto de admissão não incluem a entidade gestora de bolsa na galeria dos sujeitos potencialmente responsáveis – solução que decorre do art. 149.º, aplicável *ex vi* do art. 243.º CVM.

5. Exclusão; terminologia e classificações

Os dados atrás referidos devem ser tidos em conta na análise da exclusão como meio de saída do mercado. Mas antes de prosseguir, convém precisar os conceitos aqui utilizados e apresentar algumas classificações básicas.

---

[35] Art. 14.º DL n.º 394/99, de 13 de Outubro.
[36] Art. 28.º DL n.º 394/99, de 13 de Outubro.

A exclusão (*delisting*) consiste na cessação definitiva da negociação de valores mobiliários em mercado. Pode ser voluntária ou forçada, consoante dependa de decisão da emitente, no primeiro caso, ou da entidade gestora do mercado ou da autoridade de supervisão, no outro. Embora aqui tenhamos em vista sobretudo a exclusão *total*, deve notar-se que a exclusão pode ser *parcial*, seja por envolver apenas a exclusão de uma das bolsas em que os valores mobiliários estão negociados – no caso de pluricotação –, seja por se referir apenas a um dos segmentos bolsistas em que os valores se negoceiam[37].

Importa diferenciar a exclusão de mercado da alteração de mercado ou da modificação de segmento de negociação[38]. Nestes casos, contrariamente à exclusão, não cessa a negociabilidade dos valores mobiliários. Porém, ainda assim, cabe distinguir. Se o mercado ou o segmento de mercado onde os valores se passam a transaccionar apresentam características equivalentes em termos de exigências informativas, não se justificam as mesmas preocupações de protecção de investidores que rodeiam a exclusão. Se, ao invés, essa modificação tiver por efeito a negociação em mercado ou em segmento de mercado que implique uma diminuição dos deveres de informação a cargo do emitente, devem empregar-se cautelas quanto à posição dos titulares dos valores mobiliários afectados[39].

A exclusão distingue-se ainda da suspensão, que representa uma interrupção transitória da negociabilidade dos valores em

---

[37] PETER MÜLBERT, *Rechtsprobleme des Delisting*, ZHR 165 (2001), 106-107.

[38] Para fornecer uma ilustração, o mercado Euronext conhece vários segmentos de negociação – *Next Prime* e *Next Economy*. Nestes casos a exclusão de segmento não implica necessariamente uma exclusão do mercado.

[39] KLAUS HOPT/ HARALD BAUM, *Börsenrechtsreform in Deutschland*, in KLAUS HOPT/ BERND RUDOLPH/ HARALD BAUM (org.), *Börsenreform. Eine ökonomische, rechtsvergleichende und rechtspolitische Untersuchung*, Stuttgart (1997), 418-420.

mercado. O acto de suspensão de negociação pode desembocar em uma de duas situações: caso as irregularidades que determinaram a suspensão não tenham sido sanadas em tempo útil, existe fundamento para uma exclusão; caso contrário, cessará a suspensão, retomando-se a negociação.

6. Exclusão de cotação e protecção de accionistas minoritários

I – A admissão à negociação em mercado constitui um vínculo tendencialmente estável em termos temporais. Os investidores criam expectativas de manutenção das condições de negociabilidade dos seus valores, confiando no inerente poder de alienar sem dificuldades, a qualquer tempo, os valores de que são titulares. Não é, por isso, aceitável que essa confiança depositada na manutenção da admissão seja injustificadamente frustrada.

Além disso, reportando-nos ao caso das acções, deve ter-se presente que as sociedades, quando deixam de ter as suas acções negociadas em mercado regulamentado, passam a dispensar uma protecção menos intensa ao sócio. Deste ponto de vista, não é inócua a decisão de saída de bolsa. O défice é sobretudo ligado à informação acessível aos investidores, na medida em que não se aplica às sociedades não cotadas o dever de publicação integral de documentos de prestação de contas, o dever de auditoria às contas anuais e semestrais através de auditor registado na CMVM e o dever de prestar informação sobre factos relevantes. A não aplicação destes deveres mantém-se, mesmo que a sociedade conserve a sua qualidade de sociedade aberta.

Particularmente problemática, neste cenário, é a decisão societária de saída de mercado, em desfavor da liquidez e da protecção informativa das participações sociais dos seus accionistas.

Para acautelar devidamente este risco, existe um leque de soluções alternativas no plano da política legislativa. Destacam-se, para já, quatro saídas possíveis. De um lado, a imposição de uma deliberação aprovada em assembleia geral permite uma legitimação ampla do pedido de exclusão por parte dos accionistas e faculta, além disso, um controlo judicial mais eficaz, designadamente quanto ao seu possível carácter abusivo. A exigência de um prazo de antecedência longo até que a exclusão se torne eficaz constitui solução alternativa, porquanto deste modo os accionistas podem precaver-se quanto a uma futura perda de liquidez das suas participações mobiliárias[40]. Figura ainda como possível a previsão, na lei ou nos estatutos, de um direito de exoneração na esfera jurídica dos accionistas discordantes, mediante o pagamento de uma contrapartida justa[41]. Por fim, a constituição de um dever de lançamento de OPA de saída do mercado daria a oportunidade de uma saída aos accionistas minoritários antes da retirada das acções de bolsa, rodeada de ampla informação divulgada ao mercado.

II – Perante esta apresentação de possíveis soluções para acautelar os minoritários em caso de exclusão, interessa verificar que solução foi adoptada na lei portuguesa. Como foi indicado, o Código dos Valores Mobiliários regula a admissão em dois locais distintos: nas disposições gerais sobre os mercados

---

[40] Trata-se da solução preferida pela obra de referência de reforma do direito mobiliário alemão: KLAUS HOPT/ HARALD BAUM, *Börsenrechtsreform in Deutschland*, cit., 419-420.

[41] Uma versão alternativa, muito mais matizada, desta via aparece consagrada em Itália: o art. 145, n. 2 do *Testo Unico della Finanza* devolve aos estatutos das sociedades cotadas em bolsa a previsão dos direitos dos accionistas em caso de exclusão de negociação. No sentido de que tal não assegura necessariamente uma compensação pecuniária em caso de exclusão de mercado, veja-se o comentário *Diritti spettanti agli azionisti in caso di delisting*, Rivista delle Società n. 1 (2002), 365-369.

e nas disposições especiais sobre bolsa. Sucede que apenas no primeiro contexto a lei fixa as condições em que deve existir exclusão: fá-lo no art. 207.º [42], aqui já citado, preceito que cura da exclusão forçada.

Assim, uma conclusão importante a que somos conduzidos nesta matéria prende-se com o facto de a lei vedar uma exclusão voluntária de mercado regulamentado.

Não se sustenta esta asserção somente no facto de a lei apenas prever a exclusão por iniciativa da bolsa ou da CMVM. A exclusão pelo emitente aparece somente referida no Regulamento da CMVM n.º 17/2000, prevendo-se aí a exclusão requerida pelo emitente à sociedade gestora se não houver prejuízos para o mercado – e num preceito circunscrito ao mercado sem cotações (art. 4.º). Além disso, a aplicação do princípio da legalidade ao procedimento de exclusão e a complexa malha de interesses envolvidos nesta matéria tornam claro que o silêncio normativo sobre exclusão voluntária requerido pela sociedade implica a sua inadmissibilidade.

Esta conclusão apresenta consequências importantes. Devem, designadamente, manifestar-se dúvidas perante reestruturações societárias que tenham por efeito impedir, por vontade do emitente, o prosseguimento da negociação dos seus valores mobiliários em bolsa. Pensamos sobretudo em fusões e cisões de sociedades cotadas em bolsa – operações que, para melhor respeito do sistema mobiliário, tal como descrito, parece deverem conduzir à cotação das acções das sociedades incorporantes ou das sociedades resultantes da cisão ou da fusão.

---

[42] Admite-se, contudo, que as causas de recusa de admissão (art. 235.º) possam fundar igualmente uma exclusão de cotação. Acrescente-se ainda que a nova Directiva do Prospecto (2003/71/CE, de 4 de Novembro de 2003) determina que a autoridade competente deve ter poderes para proibir a negociação em mercado regulamentado quando as disposições da Directiva forem infringidas (art. 21.º/3 h)).

No entanto, no plano de uma valoração económica destas regras, é sabido que uma interdição da exclusão voluntária a pedido do emitente não constitui, por si, uma boa solução. De facto, tal torna as empresas prisioneiras das bolsas, anulando os efeitos benéficos da concorrência entre mercados e dando origem a rendimentos de cariz monopolista. Além disso, a ideia de uma entrada irreversível em bolsa pode criar o receio de uma eternização do vínculo e assim afugentar as sociedades do mercado bolsista[43].

Não se crie, a partir daqui, a impressão de que o ordenamento português consagrou uma solução radical com consequências nefastas. Como adiante se compreenderá, a lei faculta à sociedade ou ao seu grupo accionista dominante dois mecanismos que levam à exclusão de negociação em mercado regulamentado: a perda de qualidade de sociedade aberta e a aquisição potestativa tendente ao domínio total[44]. A existência destes dois institutos equilibra satisfatoriamente o regime nacional, evitando que a admissão bolsista se transforme num vínculo necessariamente perpétuo.

III – A exclusão forçada também coloca problemas interessantes, resultantes da natureza mista da admissão no nosso Direito.

O facto é que a lei das entidades gestoras de mercados dispõe que aos actos de admissão, suspensão e exclusão de bolsa são aplicáveis as regras do Código de Procedimento Administrativo. Excepciona-se apenas o dever de audiência prévia dos interessados[45]. Esta excepção relaciona-se com o n.º 4 do art. 209.º do Código, que já dispõe que a entidade gestora deve notificar

---

[43] KLAUS HOPT/ HARALD BAUM, *Börsenrechtsreform in Deutschland*, cit., 418.
[44] Cfr. *infra*, respectivamente, § 3.º e § 4.º.
[45] Art. 14.º DL n.º 394/99, de 13 de Outubro.

o emitente para se pronunciar sobre a exclusão (e a suspensão) no prazo que lhe fixar.

Com esta remissão para o Código de Procedimento Administrativo, à exclusão aplicar-se-á designadamente: o princípio da legalidade, de igualdade, proporcionalidade e boa fé na condução do processo de exclusão; o dever de fundamentação quanto à decisão de exclusão; e o direito à informação sobre o processo de exclusão.

O princípio da proporcionalidade assume, neste contexto, decisivo relevo. De facto, tenha-se ainda presente que a exclusão como sanção por incumprimento de deveres inerentes à admissão é mais penalizadora para os titulares dos valores mobiliários do que para a própria sociedade, devendo por isso ser entendida apenas como derradeiro recurso[46].

IV - Outra questão importante é a de saber se pode haver exclusão de cotação decidida pela entidade gestora com base em dificuldades económicas do emitente. Devemos responder negativamente: o investimento mobiliário implica sempre um risco e a negociação bolsista não deve interromper-se quando esse risco se agrava. Na lógica de supervisão informativa que rodeia estes bens, o importante é que os investidores conheçam adequadamente o risco através do pontual e rigoroso cumprimento das regras de informação.

A resposta apenas pode ser positiva se as dificuldades puserem em causa a negociabilidade dos valores mobiliários, dado que aí se afecta um requisito essencial para a negociação dos valores mobiliários. Também neste sentido depõe explicitamente

---

[46] Cfr. no mesmo sentido, KLAUS HOPT, *Unternehmensführung, Unternehmenskontrolle, Modernisierung des Aktienrechts – Zum Bericht der Regierungskommission Corporate Governance*, in HOMMELHOFF/ LUTTER/ SCHMIDT/ SCHÖN/ ULMER (organiz.), *Corporate Governance. Gemeinschaftssymposion der Zeitschriften*, ZHR/ZGR (2002), 53-54.

o direito suíço, de acordo com a solução constante do art. 80 do *Kotierungsreglement*[47]. Concretizando a solução em relação ao direito nacional, inferia-se, face à anterior legislação falimentar, que a partir do despacho de prosseguimento de acção de recuperação de empresa poderia decidir-se a suspensão ou exclusão de negociação, na medida em que aquele momento determinava a ineficácia de actos aquisitivos de acções da sociedade em recuperação (art. 30.º, n.º 2 Cód. Falências). Tal solução foi, porém abandonada no novo Código de Insolvência, o qual mantém a livre transmissibilidade dos valores na pendência de procedimentos pré--falimentares.

V – Interessa, por fim, verificar como se processa a exclusão quando a admissão foi requerida por minorias. Aqui parece estar vedada a exclusão por vontade do emitente, porquanto não foi tida em conta a opinião deste quando os valores foram admitidos. Restará apenas a hipótese da exclusão forçada.

É interessante confrontar este regime com a possibilidade, que será aberta pela Directiva relativa aos mercados de instrumentos financeiros de admissão à negociação sem consentimento do emitente – caso em que o emitente não fica obrigado à prestação de informação[48]. No entanto, a exclusão mantém-se como zona não harmonizada. Perguntar-se-á assim se a exclusão no mercado principal determina exclusão nos mercados de negociação "acessórios". Embora o texto comunitário não o esclareça – em nova manifestação do desinteresse comunitário pela exclusão bolsista –, a resposta deveria ser positiva, na medida em que as obrigações de prestação de informação (em contexto internacional, com densos problemas de idioma) só são prestadas perante o mercado principal.

---

[47] PETER NOBEL, *Schweizerisches Finanzmarktrecht*, Bern, (1997), 493.
[48] Cfr. *supra*, § 2.º 4., II e arts. 14.º, n.º 6 e 40.º, n.º 5 da Directiva relativa aos mercados de instrumentos financeiros.

§ 3.º
A perda de qualidade de sociedade aberta

7. Elementos gerais

I – O Código dos Valores Mobiliários estatui diversas consequências para as sociedades qualificadas como sociedades com o capital aberto ao investimento do público[49], abreviadamente designadas como sociedades abertas. Para reter alguns exemplos, basta relembrar o regime do dever de lançamento de OPA (arts. 187.º-194.º CVM), a disciplina de comunicação de participações qualificadas (arts. 16.º-21.º CVM), a previsão do voto por correspondência e outros aspectos da tomada de deliberações (arts. 22.º-26.º CVM), as regras de eleição de administradores por minorias (art. 392.º, n.º 6 CSC) e a transmissão potestativa tendente ao domínio total (arts. 194.º-197.º CVM), adiante estudada[50].

A qualidade de sociedade aberta não é indelével – adquire-se mas pode perder-se. De facto, a circunstância de uma sociedade ter sido no passado sociedade que se abriu ao investimento do público, não significa que não possa perder essa qualidade. Tão-pouco se impede a reaquisição da qualidade de sociedade aberta[51].

---

[49] Cfr. o art. 13.º CVM quanto aos critérios de qualificação das sociedades abertas.

[50] Cfr. *infra*, § 4.º.

[51] Cfr. no entanto o art. 29.º, n.º 2 CVM e a análise feita a propósito no texto.

Nesta conformidade, ao longo da vida de uma sociedade anónima, é admissível que esta tenha adquirido e perdido sucessivamente, por diversas vezes, a qualidade de sociedade aberta.

II – A perda da qualidade de sociedade aberta ao investimento do público foi regulada pela primeira vez numa alteração introduzida em 1995 ao Código anterior.

Previa-se então, no art. 531.º-A do Código do Mercado de Valores Mobiliários, e segundo a terminologia aí utilizada, a declaração de perda de qualidade de sociedade de subscrição pública, que se poderia seguir a uma deliberação da sociedade com esse conteúdo tomada por uma maioria agravada ou a uma OPA com sucesso de 90%[52].

Actualmente, a perda de qualidade de sociedade aberta aparece regulada nos arts. 27.º a 29.º CVM, tendo-se aí aproveitado larga porção da disciplina pregressa. Procedeu-se no entanto à inclusão de uma terceira situação que poderia fundar a perda de qualidade de sociedade aberta: referimo-nos à alínea *c)* do n.º 1 do art. 27.º CVM – baseada na exclusão de bolsa por falta de dispersão –, que não tem paralelo no direito anterior.

Contrariamente ao que sucede com a aquisição da qualidade de sociedade aberta, que ocorre automaticamente a partir da verificação dos factos descritos no art. 13.º CVM, o facto jurídico de sentido inverso supõe um escrutínio administrativo específico sobre a verificação dos respectivos pressupostos. Além disso, implica a apresentação de um requerimento pela sociedade ou, no caso de declaração de perda subsequente a OPA, pelo accionista dominante junto da autoridade de supervisão (art. 27.º, n.º 2 CVM).

Assim, a eficácia da perda de qualidade – e portanto, a não aplicação dos efeitos jurídicos decorrentes do estatuto de socie-

---

[52] Sobre este preceito, confrontando-o com o regime do art. 490.º CSC: NELSON RAPOSO BERNARDO, *A Aquisição do Domínio Total nas Sociedades Comerciais*, dissertação de mestrado, FDL, Lisboa, (1997), 49-54.

dade aberta – depende da prática de um acto administrativo favorável pela CMVM e da respectiva publicação (art. 29.º, n.º 2 CVM).

III – A declaração de perda de qualidade de sociedade aberta determina a exclusão da negociação, em mercado regulamentado, das acções representativas do seu capital social e dos valores mobiliários emitidos pela sociedade que dêem direito a tais acções. Para evitar ciclos imediatos de saída e reentrada em mercado e obrigar a alguma ponderação em torno do requerimento de perda, a readmissão destes valores em mercado regulamentado é proibida durante um ano (art. 29.º, n.º 2 CVM).

Note-se que estas são as únicas restrições introduzidas à negociabilidade de acções emitidas pela sociedade visada. Este procedimento não impede, pois, que essas acções se negoceiem entretanto num mercado não regulamentado ou fora de mercado, valendo aqui as regras gerais. Reitere-se que tão-pouco fica prejudicada a aquisição da qualidade de sociedade aberta por outro motivo que não a admissão em mercado regulamentado – por exemplo, através da realização de oferta pública de distribuição de acções ou de fusão por incorporação com uma sociedade aberta[53].

IV – Uma vez que o processo de perda de qualidade de sociedade aberta implica uma exclusão de negociação em mercado regulamentado, dele deriva usualmente uma depreciação das acções detidas pelos minoritários, atento o efeito da iminente falta de liquidez. A divulgação pública e atempada de informação sobre a decisão de submissão ao processo de perda de qualidade deve ser por isso assegurada, sob pena de se abrir a porta a situações de abuso de informação privilegiada, também possíveis nestes processos de saída do mercado[54].

---

[53] Art. 13.º, n.º 1, alíneas *a)*, *b)* e *e)* CVM.
[54] Cfr. *supra*, § 1.º 3 II.

Sucede que, no domínio informativo, a secção do Código dedicada à perda de qualidade de sociedade aberta circunscreve-se à publicidade da decisão tomada pela CMVM – logo, à informação posterior à conclusão do processo, não cuidando da informação *ex ante*. Quanto à prestação de informação sobre o início do processo – em ultima análise o momento de maior probabilidade de alteração nos preços das acções –, confia-se na disciplina da prestação de informação sobre factos relevantes.

Assim, ao abrigo do art. 248.º CVM, uma sociedade emitente de acções admitidas à negociação em mercado regulamentado está obrigada a informar imediatamente o mercado assim que tome a decisão de se submeter ao procedimento de perda de qualidade de sociedade aberta – ou, no caso de assentar em deliberação da assembleia geral (art. 27.º, n.º 1 b) CVM), assim que proceda à convocatória da competente reunião do órgão representativo dos sócios.

Quanto a este ponto, é mister notar o défice informativo que atinge as sociedades abertas não cotadas. No caso das sociedades sem acções admitidas à negociação em mercado regulamentado, não há informação antecedente sobre o processo da perda – salvo se o procedimento assenta na alínea *b)* do n.º 1 do art. 27.º, uma vez que aqui a informação pública é, ao menos em parte[55], acautelada pela convocatória da assembleia geral que é publicada em Diário da República. Nos demais casos, o accionista apenas toma conhecimento da perda de qualidade de sociedade aberta quando este acto se tornou eficaz, através da publicação da declaração da CMVM nos termos do art. 28.º, n.º 2 CVM[56].

---

[55] Diz-se "em parte" porque a indicação do preço da transacção – de central relevância no ajustamento de cotações –, quando a saída se baseia no art. 27.º, n.º 1 *b)*, que desejavelmente deveria constar do texto convocatório, nem sempre aí figura. No mais, não é linear que as indicações gerais dos n.º 5 e 8 do art. 377.º CSC se apresentem como suficientes para fundar uma tal exigência.

[56] Cfr. igualmente os arts. 1.º e 4.º do Regulamento da CMVM n.º 11//2000.

Este constitui outro reflexo da menor protecção informativa conferida aos titulares de valores mobiliários emitidos por sociedades abertas não-cotadas, por não se lhes aplicar o regime de prestação de informação sobre factos relevantes.

8. Os pressupostos da perda de qualidade

I – O acto administrativo de declaração da perda de qualidade de sociedade aberta constitui um acto vinculado. A prática deste acto depende da verificação de um dos fundamentos, enunciados no art. 27.º, n.º 1 CVM, em que pode assentar. Perante a verificação de um destes pressupostos, a CMVM deve emitir a declaração mencionada. Ao invés, faltando o preenchimento de qualquer dos pressupostos legais, deve o requerimento ser indeferido. Isto explica por que razão a análise da perda de qualidade é polarizada na apreciação dos competentes pressupostos.

Merece a pena sublinhar o carácter formal que, em homenagem à certeza jurídica, resulta do regime em apreço. Pode haver concentração do capital social sem que lhe corresponda uma perda de qualidade de sociedade aberta, seja por falta de preenchimento dos requisitos legislativos, seja por falta de requerimento da competente declaração administrativa.

São três os pressupostos que podem conduzir à perda da qualidade de sociedade aberta, procedendo-se de seguida à sua análise.

II - O primeiro fundamento que pode conduzir à perda é a *ultrapassagem de 90 % dos direitos de voto em consequência do lançamento de oferta pública de aquisição*, conforme disposto no art. 27.º, n.º 1 a) CVM.

Neste caso é o sucesso da oferta que determina um grau de concentração de capital tal que legitima o pedido de saída da sociedade de mercado. Frise-se que, caso a fasquia de 90 % se atinja apenas com aquisições subsequentes à OPA, não se considera verificado o fundamento para recorrer à perda de qualidade.

Como adiante melhor se compreenderá, dada a percentagem de direitos de voto que se exige serem atingidos com a oferta pública de aquisição, esta previsão é próxima da norma contida nos arts. 194.º e 196.º, respeitantes à transmissão tendente ao domínio total[57]. Há no entanto uma significativa diferença: no instituto em apreço, no art. 27.º, n.º 1 a) CVM, o legislador basta-se com a existência de uma OPA, não exigindo nomeadamente que se trate de uma oferta dirigida à generalidade dos accionistas da sociedade visada. Contrariamente, no art. 194.º consagra-se um requerimento adicional, ao forçar-se que a oferta antecedente seja geral[58]. Compreende-se a exigência mais acentuada na transmissão tendente ao domínio total (arts. 194.º e seguintes CVM): afinal, como veremos, trata-se de uma operação mais delicada (uma *"transacção de alto risco"*[59]), que assenta em direitos potestativos de transmissão, a provocar unilateralmente a modificação da titularidade das acções, estando a contraparte numa situação técnica de sujeição. Pelo contrário, como já assinalado, a única alteração à negociabilidade dos valores accionistas introduzida pelo instituto da perda de qualidade de sociedade aberta prende-se com a interdição de negociação em mercado regulamentado durante um ano.

Seja como for, a proximidade da previsão contida no art. 27.º, n.º 1 a) CVM com aqueloutra que pode conduzir à transmissão potestativa tendente ao domínio total coloca os accionis-

---

[57] Cfr. infra, § 4.º.

[58] Para uma apreciação crítica desta terminologia, seja-nos permitido remeter para PAULO CÂMARA, *O dever de lançamento de oferta pública de aquisição no novo Código dos Valores Mobiliários*, em *Direito dos Valores Mobiliários*, II, Coimbra (2000), 225-230.

[59] A expressão é de CÁNDIDO PAZ-ARES, *Aproximación al Estudio de los Squeeze-Outs en el Derecho Español*, RDBB 91 (2003), 27-28.

tas dominantes da sociedade visada perante uma confortável alternativa. No caso de OPA que tenha obtido um sucesso a 90 %, o oferente tem a possibilidade de escolher entre uma de três possibilidades: manter a empresa no mercado; solicitar a declaração de perda de qualidade de sociedade aberta; ou utilizar a aquisição potestativa ao abrigo do art. 194.º. Se a oferta apresentada não tiver sido dirigida à generalidade dos accionistas, essa última alternativa fica anulada, restando-lhe apenas recorrer ao pedido de perda de qualidade de sociedade aberta, caso pretenda promover a saída do mercado da sociedade visada.

III – Admite-se ainda que a declaração de perda possa basear-se em *deliberação da assembleia geral da sociedade visada tomada com um quorum de 90% relativamente ao capital social* (art. 27.º, n.º 1 b)).

Esta corresponde a outra operação de perda de qualidade de sociedade aberta inserida em processo aquisitivo, na medida em que se obriga um dos sócios a oferecer-se para comprar as acções detidas pelas pessoas que não votaram favoravelmente a aprovação de tal medida na assembleia geral (art. 27.º, n.º 3). Se a sociedade tiver emitido obrigações com *warrant* ou obrigações convertíveis, a proposta deve estender-se a estes valores, dado que a negociabilidade destes fica igualmente prejudicada com a declaração de perda[60]. A justeza do preço proposto é assegurada através da aplicação das regras da contrapartida em ofertas públicas de aquisição dirigidas em cumprimento de dever legal (artigo 188.º, aplicável por remissão do n.º 4 do artigo 27.º CVM).

Além disso, para garantir ampla informação sobre a apresentação da proposta de aquisição, a publicação da decisão da CMVM é repetida, por duas vezes, ao longo dos três meses de duração da proposta (art. 28.º, n.º 2 CVM).

Deve chamar-se a atenção para que este pressuposto assenta na existência de uma proposta contratual. Confrontando esta

---

[60] Art. 29.º, n.º 2 CVM e arts. 365.º e 372.º-A, n.º 1 CSC.

proposta apresentada com a terminologia empregue pelo Código em outros locais, é inevitável concluir tratar-se de uma *oferta* de aquisição dirigida às acções ou valores mobiliários que dêem direito à sua aquisição, não detidas pelos sócios que aprovaram a deliberação. Notar-se-á, a este propósito, a exigência de uma caução da contrapartida a pagar aos aceitantes (art. 27.º, n.º 3 *b)* CVM), também existente no regime das OPAs (art. 177.º, n.º 2 CVM). Fora este aspecto, evita-se no entanto a submissão desta declaração negocial ao regime das ofertas públicas de aquisição. Assim, ainda que a oferta seja dirigida a mais do que 200 accionistas, sujeitar-se-á em todo o caso a um regime especial. De entre as regras sobre ofertas públicas que aqui não cobram aplicação, destaca-se o facto de a lei não impor a aprovação de prospecto.

À proposta apresentada e publicamente divulgada, os accionistas minoritários aderirão ou não, consoante a sua vontade. Aliás, a eficácia da perda de qualidade de sociedade aberta não se queda prejudicada ainda que não haja qualquer aquisição. Demais, o art. 27.º, n.º 3 não obriga que o proponente seja o accionista maioritário ou alguém cujos votos se imputem agregadamente à participação do accionista maioritário. Por estes motivos, no desfecho do processo descrito pode não se lograr uma concentração total da propriedade accionista da sociedade visada. Diferentemente sucede com a aquisição potestativa, como teremos oportunidade de verificar[61].

Repare-se que esta deliberação, embora adoptada por um quorum deliberativo agravado, *não envolve uma alteração do contrato de sociedade* – quedando-se deste modo inaplicáveis as correspondentes formalidades. Assim sucede porque a lei, forçando embora que a menção à qualidade de sociedade aberta conste dos actos externos envolvendo a sociedade (art. 14.º CVM), não obriga a que tal indicação seja incluída nos estatutos.

---

[61] Cfr. *infra*, § 4.º.

É igualmente claro constatar, aliás por maioria de razão, que não são aqui aplicáveis as disposições respeitantes à transformação de sociedades constantes do Código das Sociedades Comerciais.

IV – Por último, prevê agora a lei que a perda de qualidade possa ser declarada após o *decurso de um ano sobre a exclusão das acções em mercado regulamentado por falta de dispersão* (art. 27.º, n.º 1 c) CVM).

A *ratio* desta norma é fácil de alcançar: se já houve uma verificação formal, realizada pela entidade gestora do mercado, de concentração de capital social a ponto de conduzir à exclusão de negociação, faz sentido que, volvido um ano sobre a data de exclusão com base nesse fundamento, a sociedade possa perder o seu estatuto de sociedade aberta ao investimento do público. Pressupõe-se, naturalmente, que na pendência desse período não se tenha verificado qualquer operação subsequente de dispersão de acções pelo público ou qualquer outro facto que, segundo os critérios do art. 13.º, n.º 1 CVM, conduziria à qualificação de sociedade aberta.

A partir daqui, percebe-se melhor que a exclusão de negociação de acções em mercado regulamentado não implica de modo automático a perda de qualidade de sociedade aberta[62]. Se a exclusão de mercado se baseou num motivo diferente da falta de liquidez, a sociedade retém o seu estatuto de sociedade aberta.

---

[62] Relembre-se que à luz da alínea *c)* do n.º 1 do art. 27.º CVM releva como critério de atribuição da qualidade de sociedade aberta a admissão à negociação em mercado regulamentado, actual ou pretérita.

§ 4.º
A transmissão potestativa mobiliária

9. *Experiências jurídicas de base; principais problemas de política legislativa*

I – De entre as diversas operações de saída de mercado, cabe ter presente que aquelas que mais afectam o equilíbrio de interesses nas sociedades abertas são as que implicam, a final, uma transferência forçada das participações sociais dos accionistas minoritários. Merece neste plano ter em consideração os diferentes institutos jurídicos que resultem numa saída forçada dos accionistas minoritários, tendo por objectivo e por efeito atingir uma concentração absoluta da propriedade accionista sobre as sociedades.

Um correcto enquadramento destas operações obriga a evidenciar, ainda que a traço grosso, as experiências jurídicas pioneiras que estão na base do desenvolvimento actual destas operações de saída, ambas provindas do mundo anglo-saxónico.

II – O direito inglês consagra desde 1929 um direito de aquisição das acções remanescentes quando o accionista maioritário adquira 90 % das acções através de oferta publica de aquisição[63].

---

[63] Cfr. Secção 155 do *Companies Act* de 1929. Subsequentemente, o preceito foi retomado pelo *Companies Act* de 1948 e pelo *Companies Act* de 1985, resultando a sua versão actual de modificações introduzidas pelo *Financial Services Act* de 1986. Cfr. STEPHEN MAYSON/ DEREK FRENCH/ /CHRISTOPHER RYAN, *Company Law*[14], London (1997/1998), 229-233 (229).

Na literatura, a justificação da figura é ligada não apenas à salvaguarda dos interesses do grupo em que a sociedade dominada se pode inserir, e à facilitação de apresentação de OPAs, mas também à protecção de investimentos mais avultados que o sócio dominante pretenda realizar na sociedade e relativamente aos quais não é de esperar um esforço proporcional por parte dos minoritários[64].

Ao longo do tempo, o instituto mereceu algumas adaptações e aperfeiçoamentos, sendo agora tratado nas secções 429 a 430F do *Companies Act*. Este diploma prevê, paralelamente, um direito de aquisição por parte do accionista dominante (*buy-out right*) e um direito de alienação por parte dos minoritários (*right to be bought-out* ou *sell-out right*). A constituição simétrica destes direitos apenas se aplica aos casos em que, em virtude de uma OPA, se atinja mais de 90 % das acções visadas. As acções adquiridas anteriormente não são tidas em consideração para este efeito[65].

É bom reconhecer, em abono da verdade, que o direito de transmissão potestativa, assim configurado, não se aplica apenas a sociedades cujo capital esteja disseminado pelo público (*public companies*)[66]. No entanto, a exigência de OPA antecedente como pressuposto necessário para a constituição dos direitos de *buy-out* e de *sell-out* estabelece uma ligação natural a esta categoria de sociedades.

III – Paralelamente, nos Estados Unidos desenvolveu-se um património muito rico de experiência quanto a operações de saída de mercado envolvendo a saída forçada dos accionistas minoritários – trata-se dos aí designados *freeze-outs*.

---

[64] Merece destacar JOHN FARRAR/ BRENDA HANNIGAN, *Farrar's Company Law*[4], London (1998), 607 e L. C. B. GOWER, *Principles of Modern Company Law*[5], London (1992), 732-738.

[65] L. C. B. GOWER, *Principles of Modern Company Law*[5], cit., 734.

[66] L. C. B. GOWER, *Principles of Modern Company Law*[5], cit., 732.

Contrariamente à experiência britânica, que assenta necessariamente na existência de uma OPA, na base destas operações encontra-se usualmente uma fusão – a qual pode ser precedida, ou não, por uma oferta pública de aquisição. Mais concretamente, entram aqui em jogo operações de fusão entre o sócio maioritário (ou uma sociedade por este dominada) e a sociedade-alvo, no âmbito das quais os sócios desta não recebem como contrapartida acções ordinárias da sociedade incorporante ou resultante da fusão, sendo-lhes ao invés entregue dinheiro, valores mobiliários representativos de dívida ou acções remíveis. Em função do tipo de contrapartida entregue fala-se respectivamente de *cash mergers, debt mergers* e de *redeemable preferred mergers.*

Nesta medida, o carácter forçado da transmissão das participações dos minoritários no âmbito dos *freeze-outs* não advém da constituição de direitos potestativos, mas antes do funcionamento das regras sobre fusões, cujos efeitos jurídicos – como é sabido – se repercutem igualmente sobre os sócios dissidentes, e da circunstância de não ser concedido aos sócios minoritários um direito a receber participações sociais da sociedade incorporante ou resultante da fusão[67].

No conceito de *freeze-out* compreende-se outras modalidades, de que se destacam[68]:

– *Dissolution freeze-outs*: operações de dissolução iníqua do património social, por forma a transferir o cerne do património para o sócio maioritário;
– *Sale-of-assets freeze-outs*: operações de tomada de sociedade por um sócio maioritário, recebendo os minoritá-

---

[67] VICTOR BRUDNEY/ MARVIN CHIRELSTEIN, *A Restatement of Corporate Freezeouts, Yale Law Journal* vol. 87 (1978), 1357-1359.

[68] WILLIAM CARY/ MELVIN ARON EISENBERG, *Corporations. Cases and Materials*[7], Westbury, New York (1995), 1187-1188; RONALD GILSON/ BERNARD BLACK, *The Law and Finance of Corporate Acquisitions*[2], cit., 1253-1254; ROBERT CLARK, *Corporate Law*, cit., 500-501.

rios dinheiro ou valores mobiliários representativos de dívida;
– *Reverse stock split*: aumento muito significativo do valor nominal das acções por forma a que os accionistas minoritários apenas tenham direito a uma fracção de acção, que é reembolsada em dinheiro.

Os *freeze-outs* atingem indiferentemente sociedades familiares e sociedades cotadas em bolsa, embora nestas últimas se reconheçam usualmente critérios mais exigentes quanto à informação a rodear o processo. Assim se explica a intervenção que a SEC realizou nesta matéria[69].

Para uma apreciação dos critérios de admissibilidade destas operações, deve atender-se à evolução da jurisprudência norte-americana sobre a matéria, particularmente a provinda do influente Estado de Delaware. Numa primeira fase, deu-se a afirmação da figura através de legislações societárias estaduais, o que deu origem a plúrimas impugnações judiciais, invariavelmente rejeitadas[70]. A partir de finais da década de setenta, passou-se a um novo ciclo, com o acolhimento da doutrina do *business purpose test*: os tribunais entendiam que operações desta natureza seriam vedadas se fossem dirigidas apenas à eliminação da minoria societária e não servissem nenhum objectivo da sociedade visada ou uma necessidade da sua actividade negocial (*corporate purpose or compelling business need*)[71], por alegada violação

---

[69] Rule 13e-3 da SEC. Cfr. RONALD GILSON/ BERNARD BLACK, *The Law and Finance of Corporate Acquisitions*², cit., 1255-1256, 1307-1315; ROBERT CLARK, *Corporate Law*, cit., 523-524.

[70] A primeira intervenção normativa estadual data de 1925, tendo ocorrido no Estado da Florida, como informam RONALD GILSON/ BERNARD BLACK, *The Law and Finance of Corporate Acquisitions*², cit., 1253-1254.

[71] O trecho transcrito é retirado de um dos *leading cases* desta época: Singer v. Magnavox Co. [320 A.2d 969 (Del.1977)], acessível também em RONALD GILSON/ BERNARD BLACK, *The Law and Finance of Corporate Acquisitions*², cit., 1257-1264 (1262). Outras decisões de referência deste

dos deveres fiduciários dos accionistas dominantes. Por fim, através da decisão *Weinberger v. UOP*, datada de 1983[72], os tribunais adoptaram uma tendência diferente, ao considerar suficiente para a admissibilidade da operação, de um lado, a obediência a um procedimento justo designadamente do ponto de vista informativo (*fair dealing*) e, de outro lado, que fosse acompanhada de uma contrapartida justa (*fair price*): a nova orientação ficaria popularizada como o teste da justeza integral da operação (*entire fairness test*). A evolução posterior veio a introduzir restrições adicionais a esta linha jurisprudencial, não a aplicando em fusões precedidas de OPA nem em fusões simplificadas (*short-form mergers*)[73-74].

período são Tanzer v. International General Industries, Inc. [379 A.2d 1121 (Del.1977)] e Lynch v. Vickers Energy Corp. [383 A.2d 278 (Del. 1977)]. Sobre esta corrente jurisprudencial, cfr. ainda, criticamente, VICTOR BRUDNEY/ MARVIN CHIRELSTEIN, *A Restatement of Corporate Freezeouts*, cit., 1354-1376; SIDNEY SILBERMAN, *Minority Stockhoder Freeze-outs and Going Private Transactions. An Overview*, Business Lawyer vol. 32 (1977), 1489-1494; S. SAMUEL ARSHT, *Minority Stokholder Freezeouts under Delaware Law*, Business Lawyer vol. 32 (1977), 1495-1496; ROBERT CLARK, *Corporate Law*, cit., 514, 50-522.

[72] Weinberger v. UOP, Inc. [457 A.2d 701 (Del.1983)], igualmente disponível em RONALD GILSON/ BERNARD BLACK, *The Law and Finance of Corporate Acquisitions*², cit., 1270-1286.

[73] *Short-form mergers* são fusões que seguem um procedimento simplificado (por oposição às *long-form mergers*, que se pautam pelo procedimento regular), dada a posição dominante que a incorporante tem sobre a incorporada, ao dispensar nomeadamente a aprovação por parte dos accionistas desta última. A propósito, pode consultar-se nomeadamente BARTON BEEK, *Disclosure Requirements in Minority Freezeouts*, Business Lawyer vol. 32 (1977), 1505-1508.

[74] Cfr. as decisões Siliconix [In re Siliconix Inc., S'holders litig., N. Civ. A. 18700, 2001 Del. Ch. 19.06.2001] e Unocal Exploration [Glassman v. Unocal Exploration Corp., 777 A.2d 242 (Del. 2001)]: e a propósito: BRADLEY ARONSTAN/FRANKLIN BALOTTI/TIMO REHBOCK, *Delaware's Going--Private Dilemma: Fostering Protections for Minority Shareholders in the Wake of Siliconix and Unocal Exploration*, Business Lawyer 58 (2003), 519-ss.

No seu todo, e em grande medida graças à produção jurisprudencial, a experiência norte-americana vale como testemunho central quanto aos pontos nodais da regulação de operações forçadas de saída do mercado: a necessidade de uma avaliação justa da contrapartida e o imperativo ligado ao tratamento cuidadoso da informação ao longo do processo, para evitar abusos.

IV – O aparecimento destas figuras teve repercussões importantes na Europa. Muitos Estados sentiram-se em situação de competitividade desvantajosa por as sociedades nacionais não poderem lançarem mão de expedientes que resultariam em saídas forçadas dos sócios detentores de pequenas parcelas do capital[75]. A pressão dos mercados e dos investidores internacionais, partidários por natureza de soluções normativas convergentes, encarregou-se igualmente de propagar a figura para fora do mundo anglo-saxónico.

À semelhança do que sucede no percurso histórico do direito das OPAs e nos códigos de governação societária[76], a Europa continental aproveitou-se sobretudo da influência britânica. Constata-se, de facto, que muitos Estados europeus seguiram abordagem legislativa próxima da encontrada no *Companies Act*. Em Itália e na Suíça, por exemplo, apenas se prevêem transmissões potestativas na sequência de oferta pública de aquisição[77].

---

[75] Reconhece-o, quanto ao ordenamento jurídico alemão: KAI HASSELBACH, *Kölner Kommentar zum WpÜG*, cit., sub § 327a AktG, Rdn. 7-8, Köln et al. (2003), 1420; *Die Aktienkultur und das Squeeze-out*, AG (2001) R274-R278 [com uma lista de sociedades relativamente às quais a figura se adequaria].

[76] PAULO CÂMARA, *Os Códigos de Governo das Sociedades*, Cadernos do Mercado de Valores Mobiliários n.º 15 (2002), 65-90 (69-74) ≅ *Códigos de Gobierno de Sociedades*, Revista Iberoamericana de Mercados de Valores n.º 10 (2003), 62-83 (66-70).

[77] Cfr. respectivamente art. 111 *Testo Unico in materia di mercati finanziari*, de 1998, e art. 33 da *Bundesgesetz über die Börsen und den Effektenhandel* de 1995 (BEHG). Sublinhe-se existirem países da União Europeia em que não se encontra equivalente directo desta figura (p.ex. Espanha).

Em França, a oferta pública de exclusão (*offre publique de retrait*) assenta igualmente numa matriz próxima da inglesa, implicando a apresentação de uma OPA e a subsequente constituição de direitos recíprocos de transmissão potestativa[78]. O mesmo sucede, como adiante se verá, em Portugal.

No entanto, convém assinalar que a influência inglesa foi menos penetrante no cálculo dos limites quantitativos da oferta antecedente, bastando-se as soluções continentais descritas com a mera ultrapassagem de 90 % após a OPA (relevando, assim, aquisições anteriores à OPA)[79].

Por outro lado, tenha-se presente também que houve sistemas jurídicos que ensaiaram aplicações da figura sem exigir como pressuposto anterior o lançamento da oferta pública de aquisição. Tal o caso da exclusão de sócios minoritários prevista no direito belga[80], holandês[81] e alemão[82].

---

[78] Cfr. arts. 5-6-1 a 5-6-3 e 5-7-1 a 5-7-3 do *Réglement Générale du Conseil des Marchés Financiers* – agora aplicado pela recém criada *Autorité des Marchés Financiers*.

[79] A Directiva sobre OPAs não concede grande importância a esta diferença, acolhendo quer a técnica inglesa quer a técnica continental: art, 15.º, n.º 2.

[80] Na Bélgica conhece-se o instituto da transmissão potestativa após o lançamento de OPA e fora do contexto de OPA. A primeira situação encontra-se regulada pelos arts. 32 e 41 do *Arrêté Royal* de 8 de Novembro de 1989. O segundo caso, designado por *offre publique de reprise* e sujeito a exigências de prospecto e a um controlo apertado pela autoridade de supervisão, merece tratamento nos arts. 45 a 60 do mesmo diploma.

[81] Cfr. art. 92a do Livro II do Código Civil Holandês.

[82] §§ 327a-327f AktG, introduzidos pela WpÜG. Na Alemanha debateu-se se o *squeeze-out* deveria circunscrever-se, ou não, a sociedades cotadas: cfr. em sentido positivo MATHIAS HABERSACK, *Der Finanzplatz Deutschland und die Rechte der Aktionäre*, ZIP, (2001), 1234; TIM DRYGALA, *Die Vorschläge der SLIM-Arbeitsgruppe zur Vereifachung des Europäischen Gesellschaftsrecht*, AG 6 (2001), 297-298; em sentido negativo, apoiando a solução consagrada nos §§ 327a-327f AktG, GERD KRIEGER, *Squeeze-out nach neuen Recht: Überblick und Zweifelsfragen*,

V – Na Europa, podem detectar-se algumas diferenças sensíveis nas soluções previstas para a aquisição potestativa aqui em apreço[83].

Assim, quanto ao âmbito, verifica-se que, em alguns Estados, a aquisição mobiliária aplica-se apenas a sociedades presentemente cotadas em mercado regulamentado. A solução contrastante é a portuguesa, que alarga a figura a todas as sociedades abertas, ainda que não mantenham uma actual negociação bolsista.

Por outro lado, a fasquia relevante diverge sensivelmente de sistema jurídico para sistema jurídico: os 90 % reclamados em Portugal diferenciam-se dos 98% fixados em Itália e na Suíça e dos 95% exigidos em França, na Bélgica e na Holanda.

Diversas são outrossim as soluções encontradas quanto ao modo de cálculo da contrapartida: de acordo com regime vigente na Alemanha e em Itália, exige-se a intervenção de um perito nomeado judicialmente. Ao invés, o regime português assenta nas regras sobre ofertas obrigatórias – no âmbito das quais não é certa a designação de auditor para certificar a justeza do preço proposto (art. 188.º, n.º 2 CVM)[84].

Neste quadro, e dada a disparidade de soluções europeias, é de saudar a harmonização promovida pela Décima Terceira Directiva sobre Direito das Sociedades, que dedica às transmissões potestativas os seus arts. 15.º e 16.º.

BB (2002), 55; KAI HASSELBACH, *Kölner Kommentar zum WpÜG*, cit., sub § 327a AktG, Rdn. 18-21 (1427); EBHARD VETTER, *Squeeze-out – Der Ausschluß der Minderheitsaktionäre aus der Aktiengesellschaft nach den §§ 327a-327f AktG*, AG n. 3 (2002), 184-185.

[83] Não se referindo todavia apenas às aquisições mobiliárias, consulte-se HIGH LEVEL GROUP OF COMPANY LAW EXPERTS, *Report on Issues related to Takeover Bids*, (January 2002), 56-57.

[84] Cfr. *infra*, § 4.º, 12.

10. Transmissão potestativa mobiliária e societária: confronto dos regimes

I – Em Portugal, a transmissão potestativa tendente ao domínio total representa um instituto em dois contextos distintos: no art. 490.º CSC e nos arts. 194.º e seguintes do Código dos Valores Mobiliários.

Em ambos os casos, parte-se de uma situação de domínio qualificado – 90 % do capital social e dos direitos de voto, respectivamente – para legitimar duas situações jurídicas simétricas: um direito de aquisição forçada por parte do sócio maioritário; e um direito de alienação forçada por banda dos sócios minoritários[85]. A lei designa a primeira situação como aquisição potestativa e a segunda como alienação potestativa. Assim, *no tocante ao tipo geral de esquema transmissivo, para abarcar ambos os sub-tipos descritos, afigura-se mais apropriado falar em transmissão potestativa tendente ao domínio total.*

Deve prevenir-se de antemão que, contrariamente à aquisição potestativa, a alienação potestativa não configura necessariamente um mecanismo de exclusão de mercado. Tudo dependerá da percentagem de accionistas minoritários que decidir utilizar este expediente. Se apenas um número reduzido de acções for atingido pela alienação potestativa, esta não provoca *de facto* uma concentração do capital.

---

[85] A Directiva comunitária sobre fusões permitia ainda que os Estados-membros estabelecessem um processo simplificado de fusão nos casos em que a sociedade incorporante detivesse uma participação superior a 90% da incorporada. Mas tal faculdade não foi utilizada, havendo apenas um regime simplificado de fusão em caso de relação de domínio total entre sociedades fusionadas (art. 116.º CSC). É de admitir que o tema volte a estar na ordem do dia no âmbito da discussão do projecto de Directiva em matéria de fusões internacionais.

II – Note-se existirem ligeiras discrepâncias na previsão dos dois preceitos, a merecer cautelosa análise. O Código das Sociedades Comerciais regula, no art. 490.º, a aquisição potestativa no direito de grupos. Neste caso, a operação aquisitiva insere-se no regime da coligação de sociedades, ligando-se aos poderes respeitantes ao domínio total. Trata-se de uma figura que combina inspirações inglesas e germânicas, neste caso relacionadas com a influência que a *Aktiengesetz* moveu em relação à disciplina nacional da coligação de sociedades[86].

No Código mobiliário, pelo contrário, determina-se um regime especial quando a sociedade dominada seja uma sociedade aberta, mesmo que o sócio dominante não se estruture como uma sociedade.

Nestes termos, os arts. 194.º a 197.º CVM incidem sobre uma situação de saída do mercado, ligando-se à esfera mobiliária, em geral, mas também à problemática do domínio – que o Código dos Valores Mobiliários entende poder ser exercido por pessoas singulares (art. 21.º CVM) – em especial.

Convém deixar bem claro que nas sociedades abertas a possibilidade de alienação potestativa e de aquisição potestativa passa a governar-se apenas pelos arts. 194.º a 197.º do Código dos Valores Mobiliários, dada a modificação no art. 490.º CSC, introduzida pelo art. 13.º do Decreto-Lei que aprovou aquele Código. Com efeito, o novo n.º 7 do art. 490.º CSC determina que a aquisição tendente ao domínio total de sociedade se rege

---

[86] Acerca das influências da solução societária nacional, entre outros, veja-se MENEZES CORDEIRO, *Da Constitucionalidade das Aquisições tendentes ao Domínio Total (artigo 490.º ,n.º 3, do Código das Sociedades Comerciais)*, BMJ n.º 480 (1998) 14-22 (21-22); ENGRÁCIA ANTUNES, *Os Grupos de Sociedades*², Coimbra, (2002), 870-871; e, acentuando as proximidades com o direito inglês: RAÚL VENTURA, *Estudos Vários sobre Sociedades Anónimas*, Coimbra (1992), 161-171; BERNHARD GAUSE, *Europäisches Konzernrecht im Vergleich. Eine Untersuchung auf der Grundlage des portugiesischen Rechts*, Berlin (2000), 112-116.

pelo disposto no Código dos Valores Mobiliários. Não há, assim, conflito de normas, coexistindo uma solução geral para sociedades fechadas em relação de grupo (art. 490.º CSC) e uma solução especial para as sociedades abertas, constante dos arts. 194.º e seguintes CVM[87].

III – Há ainda outras diferenças de regime entre as disciplinas societária e mobiliária da aquisição total que importa apontar.

Quanto à *contrapartida,* referir-se-á que no art. 490.º CSC não há qualquer indicação sobre critério do preço na alienação por minoritário, apenas se dizendo que o preço da aquisição potestativa deve ser justificado por relatório do auditor (art. 490.º, n.º 2 CSC). Por esse motivo, colocam-se aqui exigências redobradas quanto à independência do auditor, obrigando a uma interpretação cuidadosa do preceito: o auditor deve ser independente não apenas perante a sociedade mas também perante o grupo em que aquela se insere[88]. Além disso, importa efectuar uma interpretação conforme à Recomendação da Comissão Europeia sobre independência dos auditores de 2002, atendendo-se igualmente à rede de auditores para aplicar o juízo de independência imposto por este preceito[89]. Diferente é o regime

---

[87] Devem retirar-se consequências desta relação de especialidade em termos de integração de lacunas do regime da aquisição potestativa societária: cfr. *infra,* § 4.º, 13. V.

[88] Colocando a questão da interpretação do art. 490.º CSC em situações de estrutura plurissocietária da cliente, cfr. COUTINHO DE ABREU/ ALEXANDRE SOVERAL MARTINS, *Grupos de Sociedades. Aquisições Tendentes ao Domínio Total,* (2003), 18-29.

[89] COMISSÃO EUROPEIA, Recomendação de 16 de Maio de 2002, sobre independência dos auditores, JO L 191, 19.07.2002, A 2.b), Anexo 2. e definição de rede no Apêndice. As preocupações com a rede de auditores foram reiteradas em posterior Comunicação da Comunicação Europeia, já em resposta aos escândalos contabilísticos que afectaram a Enron Corporation e outras sociedades cotadas em bolsa de grande dimensão: cfr. EUROPEAN COMMISSION, *Reinforcing the Statutory Audit in the EU,* (21.05.2003), 13-14.

da aquisição potestativa mobiliária, que se louva dos avanços em matéria da OPA obrigatória, por virtude da remissão que o art. 194.º, n.º 1 CVM opera para o art. 188.º CVM. Retomar-se-á este aspecto adiante[90].

Se atendermos, em segundo lugar, ao *modo de transmissão*, notar-se-á que na transmissão potestativa societária revela-se um desequilíbrio na técnica transmissiva: a aquisição pelo maioritário é feita através de escritura pública (art. 490.º, n.º 3 CSC), ao passo que a alienação potestativa promovida pelo minoritário ocorre apenas através de sentença judicial (art. 490.º, n.º 6 CSC). Ao invés, à luz do art. 194.º CVM dispensa-se a escritura pública e a intervenção judicial como requisitos da transmissão. Quer a aquisição potestativa quer a alienação potestativa estão submetidas a controlo de legalidade pela CMVM. Para a sua concretização basta o registo e a notificação efectuado pela autoridade de supervisão.

Soma-se que, quanto à *prestação de informação*, no Código das Sociedades Comerciais, a ultrapassagem de uma participação de 90 % do capital deve ser objecto de uma comunicação à sociedade (art. 490.º, n.º 1 CSC), mas não é objecto de publicação imediata – o que conduz a que o minoritário apenas possa conhecer a ultrapassagem da fasquia percentual crítica através do relatório anual da administração (art. 448.º, n.º 4 CSC), que pode distar vários meses desde o momento a que a ultrapassagem da fasquia de 90 % se reporta. No Código dos Valores Mobiliários, em contraste, existe um dever de publicação de participação qualificada de 90 % em sociedade aberta, o qual se aplica também a sociedades abertas não cotadas (art. 16.º CVM), assegurando assim um conhecimento atempado do momento de constituição do direito de alienação potestativa.

Por fim, o regime mobiliário abrange o domínio exercido por sociedades submetidas a lei pessoal estrangeira (art. 21.º,

---

[90] Cfr. *infra*, § 4.º, 12.

n.º 1 CVM), o que difere do previsto na lei societária, que por força do art. 481.º, n.º 2 CSC se cinge às sociedades com sede em Portugal.

IV – Uma outra diferença, que é merecedora de tratamento separado, prende-se com o facto de o art.490.º CSC se referir a percentagem do capital social, ao passo que o art. 194.º CVM faz relevar a percentagem dos direitos de voto. Assim, para o cálculo do limiar crítico não conta apenas a titularidade directa de acções, mas também outras situações jurídicas enunciadas no n.º 1 do art. 20.º CVM.

Esta constatação tem implicações importantes, na medida em que permite aquisição forçada amparada numa imputação plurissubjectiva de direitos de voto. Com efeito, do regime nacional decorre a possibilidade de haver a imputação a uma pessoa dos direitos de votos inerentes a participações detidas por outrem (art. 20.º CVM). Assim, quando se obtenha a participação de 90 % dos direitos de voto por conjugação de influências societárias de mais que uma pessoa (singular ou colectiva), é possível lançar mão do expediente de transmissão forçada das participações sobrantes.

Esta conclusão surge acompanhada por previsões próximas encontradas em outros ordenamentos jurídicos. Assim, em Inglaterra, existe uma disposição explícita do *Companies Act* na qual, para efeitos da transmissão potestativa, se equiparam as aquisições feitas pelo accionista maioritário e aqueloutras realizadas por *associates*[91]. Idêntica conclusão é extraída na Alemanha, em interpretação feita ao § 327a. da AktG, aditado pelo recente WpÜG, consagrando direito de exclusão de minoritários em caso de detenção de mais de 95% do capital[92].

---

[91] Secção 430 E CA: consulte-se a propósito L. C. B. GOWER, *Principles of Modern Company Law*⁵, cit., 738.

[92] KAI MERTENS, *Der Auskauf von Miderheitsaktionären in gemeinschaftlich beherrschten Unternehmen*, AG 7/2002, 377-383.

No entanto, perante o direito português, há indicações interpretativas suplementares que devem ser deixadas. Os casos que inspiram mais cuidados são os de ultrapassagem da fasquia crítica por virtude de transmissões temporárias ou arranjos contratuais, sem que lhes subjaza uma concentração do capital social[93]. Assim, através de uma redução teleológica do preceito, este não deve aplicar-se em caso de ultrapassagem dos 90% obtida através de votos potenciais alicerçados em contratos transmissivos, por exemplo fundada em contrato de opção ou em contrato-promessa relativos a acções (art. 20.º n.º 1 e) CVM). Com efeito, estas situações de transmissibilidade potencial de participações sociais, embora justifiquem uma imputação plurissubjectiva à luz do art. 20.º, podem não resultar numa efectiva concentração do controlo, devendo nesse caso estar arredada a hipótese de recurso à transmissão potestativa.

V – Comprovadas as diferenças entre os dois regimes[94], sugere-se o emprego de termos identicamente diversos. Propomos para o efeito a terminologia transmissão potestativa societária (art. 490.º CSC) e transmissão potestativa mobiliária (arts. 194.º-ss CVM), atentas as respectivas fontes codificadas.

E dado o objecto deste estudo, concentrar-nos-emos, a partir daqui, na segunda.

---

[93] Um catálogo de situações consideradas abusivas à luz da lei alemã, entre as quais insere as descritas no texto, depara-se em KAI HASSELBACH, *Kölner Kommentar zum WpÜG*, cit., sub § 327a AktG, Rdn. 51-55, 1440.

[94] Assinale-se muito brevemente não compartilharmos das dúvidas que ENGRÁCIA ANTUNES manifestou quanto à equivalência de regimes entre o art. 490.º CSC e o arts. 194.º-197.º CVM no tocante à fiscalização da suficiência da contrapartida oferecida no processo de transmissão forçada (*Os Grupos de Sociedades*², cit., 888, n. 1747). Em ambos os casos a adequação da contrapartida pode ser sujeita a escrutínio judicial, o que no caso da transmissão potestativa em sociedade aberta – assente, como vimos num acto administrativo de registo pela autoridade de supervisão – se fará através da impugnação judicial do acto de registo da CMVM.

VI – A este propósito, merece atenção particular a tendência internacional de fixação da fasquia percentual a partir da qual se constitui o direito de aquisição potestativa em valores superiores a 90%. Designadamente, em Itália, Suíça e França essa fasquia percentual encontra-se estabelecida em 98 %.

O ordenamento português aparta-se deste rumo, em função dos contornos apresentados pelo instituto pátrio da perda de qualidade de sociedade aberta. Com efeito, segundo o 27.º do Código dos Valores Mobiliários, atrás analisado, a qualidade de sociedade de capital aberto ao investimento do público atinge-se quando declarada formalmente a concentração de capital a 90 %, manifestadas quer através do resultado de uma oferta pública de aquisição, quer através de deliberação adoptada por tal exigente maioria (alíneas a) e b) do n.º 1)[95]. Não faria, assim, sentido restringir quantitativamente o exercício dos direitos de aquisição e alienação potestativa de valores mobiliários emitidos por sociedades abertas para fasquias percentuais mais exigentes do que os estabelecidos como fundamento para tal qualidade deixar de se verificar.

Além disso, em termos sistemáticos, outros traços do regime existem a fundamentar a solução juspositivada no art. 194.º. De um lado, é sabido que para sociedades fechadas ao investimento do público, a constituição dos direitos de transmissão potestativa se verifica aos 90 % (art. 490.º, n.º 1 CSC), percebendo-se mal que outra fosse a fasquia apontada, para as sociedades abertas, na lei do mercado de capitais. Soma-se que a lei societária associa importantes consequências à detenção de 10 % do capi-

---

[95] Tome-se nota que o art. 27.º prevê um terceiro fundamento para a perda de qualidade de sociedade aberta, desligado de uma quantificação da percentagem relevante de concentração de titularidade accionista. Com efeito, a qualidade de sociedade aberta pode ainda ser perdida se tiver decorrido um ano sobre a exclusão de negociação das acções em mercado regulamentado, fundada na sua falta de dispersão pelo público (alínea c) do n.º 1). Cfr. supra, § 3.º, 8.

tal social, como seja o previsto no art. 291.º CSC (direito colectivo à informação), no art. 392.º CSC (designação de titulares do órgão social a requerimento de minorias), no art. 448.º CSC (publicidade de participações), no art. 483.º CSC (relação de simples participação) e no art. 485.º CSC (participações recíprocas), entre outros. No seu conjunto, estes normativos transmitem a mensagem de que a ultrapassagem de 10 % do capital social assume um peso especial no governo da sociedade, a justificar especiais medidas de protecção ou de preocupação legislativas. A fixação de limiares quantitativos como aquele em apreço constitui sempre um momento difícil da acção legiferante; mas neste caso a opção nacional afigura-se suficientemente amparada no sistema jurídico.

Finalmente, é bom ter presente que a recente Directiva das ofertas públicas de aquisição, na parte em que regula esta matéria, não obriga a que seja adoptada qualquer modificação ao direito português. O texto comunitário estabeleceu um limiar mínimo de 90 %, a partir do qual os Estados-membros podem prever direitos de aquisição potestativa e de alienação potestativa. É ainda concedida a permissão de se fixarem limiares mais elevados, desde que não sejam superiores a 95 %[96]. A Directiva convive, pois, pacificamente com a disciplina nacional vigente – a qual, por esse motivo, pode ser neste ponto mantida sem alterações.

11. Pressupostos e processo; em especial, a oferta antecedente

I – Como já foi adiantado, segundo o art. 194.º, a faculdade de aquisição tendente ao domínio total relaciona-se com o regime das ofertas públicas de aquisição. De facto, só depois de o sócio maioritário dirigir uma OPA geral é que pode fazer-se

---

[96] Arts. 15.º, n.º 2 e 16.º, n.º 1 da Directiva das OPAs.

valer dos direitos de aquisição potestativa do 194.º e seguintes – e apenas nessa eventualidade podem os minoritários prevalecer-se dos direitos de alienação potestativa consagrados no art. 196.º CVM.

O principal pressuposto da aquisição potestativa é, assim, a realização desta oferta antecedente. Se utilizarmos a classificação usual em matéria de ofertas de aquisição, esta oferta antecedente qualificar-se-á como *prévia*, na medida em que a oferta surge como meio de ultrapassar o limite dos 90 % (como se refere na letra do n.º 1 do art. 194.º). Contrariamente sucede com o dever de lançamento de OPA, à luz do art. 187.º CVM, cujo cumprimento se exige apenas após a ultrapassagem da fasquia percentual relevante – trata-se, pois, de uma OPA subsequente[97].

Deve frisar-se, neste contexto, que os 90% se referem ao universo dos direitos de voto da sociedade[98]. Se o capital social estiver representado por acções de várias categorias, não basta a existência de 90% em uma das categorias. A aquisição potestativa é, neste sentido, uma aquisição geral, que não se faz por categorias. Trata-se de um ponto em que o Direito português não acolheu a influência inglesa, dado que à luz do *Companies Act* faz-se funcionar o *buy-out right* por cada categoria de

---

[97] Para um esclarecimento sobre este quadro terminológico, cfr. PAULO CÂMARA, *O dever de lançamento de oferta pública de aquisição no novo Código dos Valores Mobiliários*, cit., 215-219.

[98] O Código não resolve directamente a questão de saber se uma ultrapassagem fortuita dos 90% após OPA deixa ou não intacta a possibilidade de proceder a uma alienação potestativa. A nova Directiva aponta uma resposta negativa, afastando a alienação potestativa quando a ultrapassagem tenha ocorrido por um período de curta duração. Aparentemente, resposta diversa há-de extrair-se do direito positivo nacional. Na falta de um regime paralelo ao da suspensão do dever de lançamento de OPA para o âmbito das transmissões potestativas, a ultrapassagem dos 90 %, ainda que transitória, não deixa de desencadear as consequências normais.

acções[99]. A Directiva comunitária sobre o tema, aliás, obrigará a uma mudança do Direito português no sentido da solução britânica (art. 15.º, n.º 3).

II – Dispõe claramente o art. 194.º CVM que a ultrapassagem dos 90% dos direitos de voto deve ocorrer após o lançamento de OPA. De fora da previsão do art. 194.º CVM quedam-se, assim, as situações em que o accionista maioritário já detenha mais de 90% antes de lançar a oferta – o que sucederá nomeadamente se a oferta for obrigatória, por via do art. 187.º CVM, graças a uma aquisição de um lote de acções conferindo uma participação accionista superior a 90%[100].

A interpretação deste trecho da lei obriga, todavia, a uma articulação com o regime das aquisições feitas na pendência da oferta pública de aquisição, estabelecida no art. 180.º CVM. É que este preceito autoriza as aquisições feitas pelo oferente (fora da OPA) na pendência da oferta pública de aquisição por ele dirigida – livremente, se as aquisições forem realizadas em bolsa, e sujeitas a autorização da CMVM, nas transacções fora de bolsa. Assim, pode dar-se o caso de a ultrapassagem dos 90% dos direitos de voto resultar não apenas das aceitações em OPA mas também de aquisições bolsistas paralelas.

Na ponderação da solução para a questão enunciada, sobreleva a natureza permissiva da norma contida no art. 180.º e a redacção folgada do art. 194.º, n.º 1 CVM, que parece acomodar uma resposta positiva. Assim, da interpretação conjugada entre ambos os preceitos resulta que as transacções na pendência da

---

[99] Cfr. secção 429 CA. Em Portugal, a solução prevista para a perda de qualidade de sociedade aberta com diversas categorias de acções é, porém, um tanto dissonante, porque aí se exige uma votação por assembleias especiais de accionistas (art. 27.º, n.º 1 b) CVM).

[100] Relembre-se que o art. 187.º consagra um dever de lançamento de oferta subsequente. Sobre as previsões constitutivas do dever: PAULO CÂMARA, *O dever de lançamento de oferta pública de aquisição no novo Código dos Valores Mobiliários*, cit., 215-235.

oferta pública de aquisição, realizadas ao abrigo do disposto no artigo 180.º, importam para efeitos da aplicação do artigo 194º, ambos do Código dos Valores Mobiliários[101]. Para tal, irreleva a percentagem de aceitações em OPA. Por outras palavras, a conclusão exposta é mantida ainda que ninguém venda qualquer acção da visada através da oferta, desde que o limite dos 90% seja ultrapassado depois do lançamento da oferta e na sua pendência.

III – A apresentação de uma OPA antecedente representa, como já foi dito, a via única para se atingir a aquisição do domínio total de uma sociedade aberta. Não obstante, deve sublinhar-se não existir um dever de aquisição potestativa após a realização da oferta pública de aquisição que ultrapasse a fasquia dos 90%: se o sócio dominante não pretender efectuar a aquisição tendente ao domínio total, não precisa de fazê-lo – ficando no entanto sujeito à alienação potestativa se os minoritários o decidirem. O lançamento de OPA não constitui por isso um dever, mas um simples *ónus* para efectuar a aquisição tendente ao domínio total.

Repare-se todavia que a lei exige que a oferta antecedente seja geral, mas não obriga a que a contrapartida oferecida no seu âmbito seja calculada nos mesmos termos da contrapartida em OPAs obrigatórias (art. 194.º, n.º 1 CVM). Solução idêntica, aliás, é a prevista na Directiva europeia sobre a matéria (art. 15.º, n.º 1). Este aspecto do regime torna mais delicada – conquanto que não impossível – a determinação, para efeitos de

---

[101] Em Itália, a Consob proferiu decisão próxima perante o mesmo tema (Consob Informa 10.7.2000 n. 28/2000): cfr. a propósito SIMONA SIANI, *Le Offerte Pubbliche do Acquisto e Scambio nel Testo Unico della Finanza e nelle Disposizioni Regolamentari*, (2002), 179-180. Em Inglaterra, conclusão semelhante parece extrair-se da secção 429 (8) do Companies Act, exigindo-se aí expressamente que o preço das aquisições fora da OPA não excedam o apresentado na oferta: cfr. a propósito JOHN FARRAR/ BRENDA HANNIGAN, *Farrar's Company Law*[4], cit., 608; L. C. B. GOWER, *Principles of Modern Company Law*[5], cit., 734.

aquisição potestativa, do "preço" de aquisição de acções de sociedade visada em OPA quando a contrapartida é paga em espécie. No entanto, a possibilidade de recurso a avaliação da contrapartida através de auditor serve de significativa válvula de escape para esta disciplina.

A este propósito, uma questão usualmente colocada no direito das OPAs e que importa aqui equacionar é a de saber se há uma pressão indevida para vender (*pressure to tender*) na oferta antecedente à aquisição potestativa. O problema situa-se sobretudo quanto a tomadas de controlo faseadas, perante o risco de os accionistas se sentirem induzidos a alienar na primeira fase por temerem que o preço proposto em fase subsequente seja inferior[102]. Ora, entende-se que tal efeito de pressão aqui não se verifica precisamente na medida em que a oferta antecedente pode não se sujeitar às regras do art. 188.º CVM, ao passo que a transmissão potestativa obedece forçosamente àquelas regras (art. 194.º, n.º 1 CVM). Por outro lado, o preço das aquisições feitas na OPA antecedente funciona como preço mínimo da oferta, dado que o art. 188.º, n.º 1 alínea a) CVM obriga a considerar as aquisições no último semestre como preço mínimo da aquisição subsequente. Assim, o accionista pode não se ver coagido a vender as suas acções na OPA porque sabe que o preço subsequente será, pelo menos, igual ou talvez maior na (eventual) transmissão potestativa que se lhe siga. Também por este motivo, perante o direito português, não é correcto entrever na alienação potestativa uma mera extensão do prazo da oferta antecedente, como pretendido por alguns autores[103].

---

[102] Sobre o tema, cfr. LUCIEN ARYE BEBCHUK, *A pressure to tender: an analysis and a proposed remedy*, Delaware Journal of Corporate Law vol. 12 (1987), 911-949; PAULO CÂMARA, *O dever de lançamento de oferta pública de aquisição no novo Código dos Valores Mobiliários*, cit., 226-227.

[103] É o caso de MIKE BURKART/ FAUSTO PANUZZI, *Mandatory Bids, Squeeze-out, Sell-out and the Dynamics of the Tender Offer Process*, ECGI Law Working Paper n.10/2003, (2003), 20-22..

É também sabido que nas OPAs antecedentes é usual a divulgação da intenção do oferente de recurso futuro à aquisição *ex vi* do art. 194. e seguintes CVM. Assim, pode igualmente suceder que os accionistas calculem que o preço da aquisição potestativa venha a ser igual ao já oferecido na OPA antecedente, e optem por alienar os valores nesta, realizando de imediato o respectivo encaixe financeiro. Para que este cenário não coloque hipóteses de pressão para a aceitação dessa oferta, é útil haver uma indicação nos documentos da oferta sobre se a autoridade de supervisão, em eventual futura aquisição potestativa proposta com a mesma contrapartida, estima que a contrapartida na aquisição potestativa possa vir a ser sujeita a revisão por auditor[104].

IV – Interessa atentar no fundamento desta oferta antecedente. A lei obriga a que a oferta a dirigir tenha uma dimensão quantitativa mínima para poder servir de acesso à aquisição (e à alienação) potestativa. Aos destinatários da oferta cabe, assim, decidir se, através do seu grau de adesão à oferta, consideram dever abrir-se caminho para a aquisição forçada. Desta perspectiva, há uma certa proximidade – mas não, de modo algum, uma equivalência – entre esta exigência e o requisito, formulado no direito alemão, de aprovação pela assembleia geral da sociedade visada para utilização da transmissão potestativa (§ 327a WpÜG).

Nesta conformidade, o fundamento desta oferta antecedente é diferente do subjacente ao dever de lançamento de oferta pública de aquisição. A OPA antecedente prevista no art. 194.º CVM pretende legitimar uma mudança qualitativa do estatuto da sociedade: de sociedade aberta, a sociedade converte-se em sociedade unipessoal (salvo em caso de domínio exercido por uma pluralidade de pessoas).

---

[104] Trata-se, aliás, de uma prática que a CMVM tem seguido: consulte--se a propósito o prospecto da OPA voluntária dirigida sobre as acções representativas do capital social da ITI – Sociedade de Turismo da Ilha da Madeira, SA (Janeiro de 2002).

Reconhece-se, porém, que esta ligação é limitada, em virtude de depender de uma fasquia percentual fixa: assim, uma oferta lançada para 10,1% das acções permite o acesso à aquisição potestativa se houver adesão por parte de pelo menos mais de 0,1% dos destinatários da oferta – o que é reconhecidamente pouco exigente do ponto de vista da representatividade da manifestação de vontade dos destinatários. O limite escolhido mostra, contudo, coerência sistemática com o facto de a lei considerar que a abertura de capital através de oferta de venda ou de troca é quantitativamente relevante quando excede 10% dos valores mobiliários distribuídos (art. 13.º, n.º 1, alínea d) CVM).

V – O regime descrito vem a significar, em termos práticos, que quando uma sociedade aberta deseje sair do mercado, vê duas fundamentais alternativas para cumprir tal desiderato.

A primeira saída é a do recurso ao instituto da perda de qualidade de sociedade aberta (art. 27.º CVM), o que tem como implicação a de deixar de poder lançar mão do art. 194.º CVM. Frise-se, porém, que neste caso se mantém a hipótese de haver aplicação do art. 490.º do Código das Sociedades Comerciais, se verificados os pressupostos deste preceito societário. A segunda opção que, em alternativa, se abre é a de se fazer uso do direito de aquisição e de alienação potestativa previsto no art. 194.º CVM.

Assim, uma questão que o instituto da aquisição potestativa mobiliária vem colocar é o de saber se esta provoca a perda de qualidade da sociedade aberta visada. A lei não toma posição directa sobre o assunto, e no elenco de requisitos de perda de qualidade de sociedade aberta enunciado pelo art. 27.º CVM não se inclui o exercício de aquisição potestativa.

A resposta a dar deve ser afirmativa. De um lado, não há motivos a justificar uma fiscalização administrativa de um processo de saída de mercado após a fiscalização de uma aquisição potestativa, porquanto na prática este processo esgotaria o exame de todos os aspectos relevantes. Não há, por outro lado, interesses a acautelar em sociedade que foi objecto de aquisição potestativa[105] – conduzindo esta, as mais das vezes, a uma situação de unipessoalidade. Ou seja, aqui a concentração do capital torna-se tão patente que repugna considerar, por puro formalismo, que a sociedade se mantenha como sociedade aberta[106].

Diferentemente, porém, se passam as coisas com a alienação potestativa, dada a gradual concentração accionista que esta implica – que pode nunca vir a ser total.

VI – Podem naturalmente levantar-se dúvidas quanto a saber se a solução atrás apontada para o reconhecimento *ex lege* da perda de qualidade de sociedade aberta em caso de aquisição potestativa conduz a concluir identicamente no caso de o lançamento da oferta antecedente ter logrado uma aceitação de 100% dos destinatários, dando origem a uma sociedade unipessoal. Entende-se que a resposta aqui é negativa.

Com efeito, ao passo que a supervisão administrativa sobre o processo de aquisição potestativa implica como natural a verificação de uma situação de concentração absoluta de capital em resultado do processo registado, tal não é desfecho inevitá-

---

[105] Tenha-se presente, todavia, que é diverso o efeito dos dois expedientes do ponto de vista da possibilidade de readmissão ao mercado: o art. 29.º, n.º 2 CVM (perda de qualidade) veda a readmissão por um ano, ao passo que o art. 195.º, n.º 4 CVM (aquisição potestativa) impede a readmissão por dois anos.

[106] Cfr., no mesmo sentido, CMVM, *Parecer Genérico sobre Perda de Qualidade de Sociedade Aberta na sequência de Aquisição Tendente ao Domínio Total*, (2000), que concluiu que *a utilização do procedimento previsto nos artigos 194º e 195º do Código dos Valores Mobiliários, na estrita medida do aí previsto e com respeito dos pressupostos nesses preceitos estabelecidos, determina a perda de qualidade de sociedade aberta da sociedade emitente das acções que foram objecto do direito de aquisição potestativa.* O texto deste Parecer encontra-se disponível em http://www.cmvm.pt/ estudos_documentos/entendimentos_e_pareceres/perdaqualidade.asp .

vel aquando do registo de uma OPA. Isto é: ao passo que um registo de aquisição potestativa e de perda de qualidade significaria uma clara duplicação de procedimentos, o mesmo não se verifica se considerarmos o registo de uma OPA seguido de uma declaração de perda de qualidade de sociedade aberta da sociedade visada. De todo o modo, a decisão administrativa neste caso reduz-se ao mero *accertamento*, baseado sobretudo no resultado da oferta pública de aquisição, e com fundamento no art. 27.º 1. a) CVM.

Aliás, esta alínea a) não excepciona da previsão os casos em que a ultrapassagem de 90 % na sequência de OPA significa o êxito total daquela oferta. Como tal, deve manter-se a conclusão de que, mesmo neste caso, é necessário haver uma declaração de perda de qualidade para a sociedade visada se libertar efectivamente de tal estatuto.

VII – O regime da aquisição tendente ao domínio total envolve a publicação de anúncio preliminar, de acordo com o art. 194.º, n.º 2; mas não é, em si, um processo de oferta pública, porque não depende de aceitação dos accionistas minoritários[107].

O direito de alienação potestativa, previsto no art. 196.º, envolve um convite pelo sócio; trata-se, com efeito, de um verdadeiro e próprio convite a contratar, em sentido técnico. Este

---

[107] O processo da aquisição potestativa não se trata claramente de uma oferta pública. Fora isso, tem interesse analisar se algumas das regras sobre ofertas públicas podem ser aplicadas por via da analogia. É evidente a inaplicabilidade das regras sobre prospecto, rateio, intermediação obrigatória e processo de registo e de lançamento. Caso à parte é o das regras sobre igualdade de tratamento e de contrapartida de OPA obrigatória em que existe confirmação positiva (art. 197.º) ou norma remissiva directa (art. 194.º, n.º 1). Além disso, deve igualmente ter-se como aplicável analogicamente a regra da irrevogabilidade das ofertas (130.º, n.º 1 CVM): uma vez registada a aquisição potestativa, não é possível fazer retroceder a decisão do sócio maioritário.

convite desencadeia, porém, consequências particulares. Faltando proposta, pode haver requerimento à CMVM para determinação da contrapartida devida. De sua banda, a CMVM notifica o sócio dominante, e a certidão deste acto constitui título executivo (art. 196.º, n.ºs 3 e 4).

Em ambas as vertentes, este processo é objecto de controlo por parte da CMVM através do registo, que tem em vista o apuramento da contrapartida, o respeito pelas prescrições informativas e a preservação do princípio de igualdade.

Restaria saber, naturalmente, se o processo de aquisição tem o seu aspecto nuclear na declaração do sócio ou no registo efectuado pela CMVM. A primeira tese, defendida recentemente por FERREIRA DE ALMEIDA, reconheceria o negócio jurídico unilateral como modo de aquisição forçada pelo sócio dominante[108]. No entanto, há que apontar que a aquisição apenas se torna eficaz com a declaração da CMVM, que não pode pronunciá-la *ex officio* mas que tão-pouco a pode produzir caso entenda não estarem preenchidos os pressupostos da alienação potestativa (art. 196.º, n.º 3 CVM). Esta constatação aproxima o alcance da intervenção da autoridade de supervisão da função constitutiva da intervenção judicial na transmissão realizada ao abrigo do art. 490.º, n.º 6 do Código das Sociedades Comerciais[109].

VIII – A natureza potestativa da transmissão foi já por diversas vezes confrontada, na prática, com tentativas dos sócios minoritários de obstar à sua execução através do recurso ao bloqueio facultativo das suas acções. Sobre este tema, aliás, já foi proferido um controverso acórdão do Tribunal Cível da Comarca de Lisboa[110].

---

[108] FERREIRA DE ALMEIDA, *Contratos. I*, Coimbra, (2001), 111-112.
[109] Cfr. sobre esta FERREIRA DE ALMEIDA, *Contratos. I*, cit., 111.
[110] Tal decisão judicial (Acórdão da Relação de Lisboa de 28.07.1999, in *Cadernos do Mercado de Valores Mobiliários*, n.º 6, (1999) 241-252) foi proferida no âmbito do direito pregresso e ante a transmissão potestativa

O bloqueio consiste num registo em conta que torna temporariamente indisponíveis os valores mobiliários visados. A lei permite que o bloqueio seja efectuado por iniciativa do titular (art. 72.º, n.º 2. a) CVM). No entanto, essa permissão sujeita-se aos dados gerais, não podendo prevalecer sobre normas injuntivas (como é caso do art. 195.º, n.º 1 CVM), nem servir de instrumento de comportamentos abusivos, apenas podendo operar quando o espaço jurídico de disponibilidade sobre os valores se mantém intocável. Mais concretamente, o bloqueio não pode ser utilizado para paralisar o efeito de processos de aquisição forçada – como é o caso da aquisição em execução judicial ou da aquisição potestativa *ex vi* do art. 194.º CVM[111].

12. *A contrapartida*

I – A disciplina respeitante à contrapartida devida no âmbito destes processos representa, como se disse, um regime aperfeiçoado em relação ao da aquisição potestativa societária, constante do art. 490.º do Código das Sociedades Comerciais.

Há aspectos instrumentais melhor cuidados – como é caso do bloqueio obrigatório dos valores a entregar – mas sobretudo por se impor uma contrapartida segundo as regras das OPAs obrigatórias.

---

societária. Cfr., sobre esta decisão, criticamente, FAZENDA MARTINS, *Bloqueio de Valores Mobiliários e Aquisição Potestativa ao Abrigo do Art. 490.º do Código das Sociedades Comerciais*, Cadernos do Mercado de Valores Mobiliários, n.º 6, (1999) 253-256.

[111] Cfr., substancialmente no mesmo sentido, FILIPA JORGE RAMOS/ JOSÉ PEDRO FAZENDA MARTINS/ MARIA REBELO PEREIRA, *Efeitos da Aquisição Potestativa nos Ónus e Encargos eno Bloqueio de Acções*, Cadernos do Mercado de Valores Mobiliários, n.º 12, (2001) 89-104 (96-103); CMVM, *Parecer Genérico sobre o Bloqueio de Acções por iniciativa do Titular e Respectiva Articulação com a Aquisicão tendente do Domínio Total*, disponível em www.cmvm.pt/estudos_documentos/entendimentos_e_pareceres/bloqueio/asp.

Este é um modelo mais avançado, rodeado de maiores garantias para os accionistas, que não interessa examinar senão nas especificidades que denota no contexto das transmissões potestativas[112].

II – Deve fixar-se, em termos hermenêuticos, o alcance da remissão para o art. 188.º CVM quanto ao cálculo da contrapartida da aquisição potestativa. Em primeiro lugar, importa esclarecer que daqui resulta ser sempre obrigatória a apresentação de contrapartida em dinheiro. Com efeito, a apresentação de contrapartida exclusivamente em valores mobiliários é vedada pela remissão operada para o art. 188.º. É certo que a lei não exclui que se ofereça aos minoritários a escolha entre contrapartida em dinheiro ou em valores mobiliários. Mas a leitura do regime normativo deve ser ainda mais exigente, não se devendo bastar com uma aplicação acrítica do mencionado art. 188.º, por via da norma remissiva. Ora, a atribuição de uma escolha aos destinatários de uma sujeição transmissiva constitui hipótese na prática inexequível: a alternativa de contrapartida não parece, pois, compatibilizar-se com o carácter potestativo deste processo. Aqui residirá, portanto, outra diferença da aquisição potestativa mobiliária em relação à aquisição potestativa societária.

III – Acresce devermos cuidar do período temporalmente relevante para efeitos do cálculo da contrapartida. Desde logo, previna-se que o período de seis meses relevante ao nível das aquisições feitas pelo adquirente ou pessoas com ele relacionadas (art. 188.º, n.º 1, aplicável *ex vi* do art. 194.º, n.º 1 CVM) deve naturalmente contar-se por referência ao anúncio preliminar de aquisição potestativa e não por referência ao anúncio preliminar da OPA antecedente.

---

[112] PAULO CÂMARA, *O dever de lançamento de oferta pública de aquisição no novo Código dos Valores Mobiliários*, cit., 241-255.

Isto significa que a aquisição na OPA antecedente releva sempre para efeitos do cálculo da contrapartida da aquisição potestativa, dado que esta deve ser realizada no prazo de seis meses. Por outras palavras, o montante oferecido na OPA antecedente será sempre o limite inferior da contrapartida da aquisição potestativa que se lhe siga. Esta, todavia, poderá ser superior, caso intervenha auditor na sua fixação (art. 188.º, n.º 2 *ex vi* do art. 194.º, n.º 1 CVM). Este aspecto revela-se identicamente importante, na medida em que diminui a pressão junto dos accionistas para aceitarem a oferta antecedente.

IV – Em caso de alienação potestativa, apesar de nova remissão para o art. 188.º (art. 196.º, n.º 2 b) e atenta a ausência de limitação temporal directa (salvo, naturalmente, prescrição do direito nos termos gerais), o problema coloca-se em termos um pouco diversos. Aqui não há anúncio preliminar do adquirente; apenas podemos considerar a oferta antecedente e as propostas apresentadas pelos sócios minoritários. Não obstante, a lei não determina directamente qual o marco temporal a partir do qual se deve aferir a contrapartida.

Para a resolução desta questão, em tese pode acolher-se aqui uma de três soluções interpretativas possíveis, consoante o marco temporalmente relevante seja:

– o anúncio preliminar da oferta antecedente;
– cada proposta de alienação potestativa;
– o primeiro convite a contratar apresentado por um sócio.

A primeira opção teria a vantagem da certeza jurídica: o adquirente já saberia com que contar, cristalizando-se a contrapartida a oferecer para todos os destinatários. No entanto, pode haver um grande desfasamento temporal entre o momento da oferta antecedente e o da proposta, o que retira viabilidade a esta via interpretativa.

A segunda via hermenêutica teria o mérito de ajustar o montante a oferecer ao momento em que cada sócio formula a sua proposta. Mas deve ser afastada, porque colidiria com o princípio de igualdade de tratamento, que precisamente o art. 197.º CVM veio impor.

A terceira hipótese afigura-se, assim, como a mais adequada. O primeiro sócio a apresentar um convite contratual de transmissão fixará, de imediato, o momento relevante para determinação da contrapartida. Pode, é certo, distar ainda algum tempo entre o primeiro convite contratual e o último que vier a ser apresentado por um minoritário. Mas por definição será sempre um hiato temporal menor do que o resultante da primeira possibilidade interpretativa, atrás exposta. Acresce que a informação prestada publicamente pela CMVM sobre o recurso a processos de alienação potestativa previne os demais potenciais interessados, matizando dessa forma os seus prejuízos.

É facto que, em resultado desta solução, o montante oferecido na OPA antecedente pode não relevar, por distar mais de seis meses da data do primeiro convite a contratar apresentado por um accionista. E a ausência de mercado será cada vez mais agravada à medida em que o tempo passa. Nesse cenário, o recurso ao auditor para a fixação de contrapartida, ao abrigo do n.º 2 do art. 188.º CVM poderá ser frequentemente inevitável. Frise-se que solução diversa é a sugerida pela Directiva das OPAs, em que se prevê um prazo de três meses (idêntico ao do *squeeze-out*) para o exercício do direito de alienação potestativa (art. 16.º, n.º 3).

V – Atenta a menor liquidez dos valores mobiliários de sociedade com elevada concentração do capital social, no contexto das aquisições potestativas é mais frequente o recurso a uma avaliação feita por auditor ao abrigo do art. 188.º, n.º 2.

Relembre-se que, ao abrigo do mencionado dispositivo, o recurso a auditor representa uma solução subsidiária em relação ao cômputo por recurso à média do mercado ou ao preço mais alto pago pelo oferente ou por pessoas ligadas a este através de uma das relações do art. 20.º CVM. No entanto, a intervenção do auditor justifica-se em três situações: quando a contrapartida proposta não possa ser determinada através dos critérios do n.º 1; quando a contrapartida apresentada não se encontre devidamente justificada; e quando a contrapartida não seja equitativa, por insuficiente ou excessiva

Cada uma destas previsões é merecedora de anotação.

A impossibilidade de determinação da contrapartida mínima através dos critérios do art. 188.º, n.º 1 ocorre quando as acções representativas do capital social da visada não estão admitidas à negociação em mercado regulamentado e quando não existem aquisições feitas pelo adquirente e pessoas próximas (nos termos do art. 20.º CVM). Tal pode ser frequente em operações de saída de mercado em que a sociedade tenha uma concentração de capital há mais de seis meses que tenha determinado a sua exclusão da bolsa.

A falta de justificação da contrapartida constitui um índice que se liga sobretudo ao carácter equitativo do preço proposto. Isto é: a suficiência da fundamentação depende da convicção sobre a justeza do preço apresentado[113].

Por fim, deve interpretar-se habilmente a última parte do art. 188.º, n.º 2, quando se refere a uma iniquidade do preço apresentado, por excessivo. Não pretende certamente este normativo conduzir a uma redução da contrapartida quando a transição de controlo se efectuou a um preço alto. Deve antes sustentar-se que o preceito se dirige à correcção de consequências decorrentes do funcionamento da imputação nos termos do art. 20.º CVM em articulação com o art. 188.º CVM. Pensamos sobretudo em casos de aquisições de valores accionistas efectuadas por partes relacionadas (imputáveis ao oferente nos termos do art. 20.º) que se realizem a preços significativamente

---

[113] Numa locução sintética, dir-se-á que a *verba* apresentada é naturalmente mais importante que o *verbo* oferecido em sua justificação.

superiores aos do mercado, criando a dúvida se tal corresponderia a uma avaliação consciente ou a uma compra arbitrária feita por um terceiro que o adquirente não controle. Assim, salvo estes casos marginais, deve inferir-se que o auditor não poderá fixar uma contrapartida menor do que a apresentada pelo adquirente.

A posição do auditor é decisiva, tanto mais que, no registo da aquisição potestativa, a CMVM não tem poder de aprovação da contrapartida fixada por auditor. Consequentemente, a opinião do auditor implica naturalmente um regime de responsabilidade. A responsabilidade do auditor pela contrapartida fixada funda-se no interesse público que ele deve proteger, ao apresentar o seu estudo quanto a uma contrapartida justa.

V – O art. 197.º CVM estabelece um princípio de igualdade de tratamento quanto à fixação da contrapartida. Este constitui um princípio que não tem consagração expressa no âmbito da transmissão potestativa societária – sendo positivo o seu acolhimento no Código dos Valores Mobiliários.

Trata-se, é bom de ver, de um princípio aplicável a acções da mesma categoria. Obriga-se, por isso, a tratar igual o que é igual e de modo diferente o que é diferente. Assim, em aplicação deste princípio, o preço das transmissões forçadas pode não ser único, se houver diferentes categorias de acções representativas do capital social da visada.

Este princípio pode desencadear consequências surpreendentes, se a transmissão forçada é feita em momento muito posterior. O problema não existe na aquisição potestativa, porquanto aí o prazo de exercício é de 6 meses (art. 194.º, n.º 1). Mas coloca-se no exercício do direito de alienação potestativa, o qual, não sendo temporalmente limitado, apenas prescreve no prazo geral de 20 anos. Também nesse contexto, uma possível intervenção do auditor serve como válvula de escape do sistema, podendo eventualmente corrigir ulteriormente casos de desequilíbrio manifesto.

13. Balanço final sobre o instituto

I – O processo de aquisição potestativa societária foi durante décadas atormentado com dúvidas sobre a sua constitucionalidade, um pouco por toda a Europa. Assim foi de tal modo que é pertinente revisitar o tema por forma a apreciar se idêntica *vexata quaestio* tem cabimento em relação à aquisição potestativa mobiliária.

Entre nós, o STJ pronunciou-se pela inconstitucionalidade do art. 490.º CSC num acórdão de 2 de Outubro de 1997[114]. Em causa foi fundamentalmente apontada a alegada existência de violação dos princípios constitucionais de propriedade, da proporcionalidade e de igualdade.

Nessa altura, porém, em reacção àquela tomada de posição jurisprudencial, a doutrina, quando se pronunciava publicamente sobre o assunto, fazia-o maioritariamente em sentido divergente ao sustentado pelo Supremo[115]. Contrapunha-se que a aquisição potestativa funcionaria como sucedâneo da dissolução da sociedade (RAÚL VENTURA[116]) ou uma afectação da participação social decorrente dos princípios corporativos gerais, e em particular do primado do princípio da maioria (MENEZES CORDEIRO[117],

---

[114] BMJ n.º 470 (1997), 619-629. Cfr. a propósito ENGRÁCIA ANTUNES, *A Aquisição Tendente ao Domínio Total. Da Sua Constitucionalidade*, Coimbra, (2001), 103-155; e um comentário breve deixado em PAULO CÂMARA, *Os deveres de informação e a formação de preços no mercado de valores mobiliários*, Cad MVM n.º 2 (1998) 84, n. 11. Em sentido contrário à posição defendida pelo Supremo, veja-se porém o Acórdão da Relação de Lisboa de 6 de Junho de 2002, CJ III (2002) 92-96 (94-95).

[115] Alinhando ao lado de posições críticas ao instituto, cfr. porém, JOÃO LABAREDA, *Das acções das sociedades anónimas*, Lisboa (1988), 276-279.

[116] RAÚL VENTURA, *Estudos Vários sobre Sociedades Anónimas*, cit., 168-169.

[117] MENEZES CORDEIRO, *Da Constitucionalidade das Aquisições tendentes ao Domínio Total (artigo 490.º, n.º 3, do Código das Sociedades Comerciais)*, cit..

ENGRÁCIA ANTUNES[118]). Do meu lado, embora incidentalmente, tive oportunidade de manifestar posição coincidente, encarando a aquisição potestativa como instrumento equilibrado, cuja admissibilidade é comprovada pela intervenção de auditor na aferição de uma contrapartida justa e pela existência de simetria de direitos potestativos (de aquisição e de alienação), apresentando-se assim como corolário de um são governo societário[119].

II – O problema, todavia, deve considerar-se actualmente já superado. Numa recente decisão sobre o art. 490.º CSC, o Tribunal Constitucional veio decidir[120], em termos amplamente fundamentados:
 – não haver lesão do princípio constitucional de protecção da propriedade societária, porquanto a aquisição potestativa traduziria uma limitação imanente e genética à titularidade de participações sociais;
 – não existir violação ao princípio da igualdade, dada a existência de um direito de alienação forçada por contraposição à aquisição potestativa, sem que funcionem de modo arbitrário;
 – não se ver ofendido o princípio da proporcionalidade, dada a relação adequada entre a finalidade da medida legislativa (favorecimento dos grupos de sociedades) e os seus efeitos, designadamente quanto à subsistência do ente societário;

---

[118] ENGRÁCIA ANTUNES, *O Artigo 490.º do CSC e a Lei Fundamental – "Propriedade Corporativa", Propriedade Privada, Igualdade de Tratamento*, in *Estudos em Comemoração dos Cinco Anos (1995-2000) da Faculdade de Direito da Universidade do Porto*, Coimbra (2001), 147-276; Id., *A Aquisição Tendente ao Domínio Total. Da Sua Constitucionalidade*, cit., passim.

[119] PAULO CÂMARA, *Os deveres de informação e a formação de preços no mercado de valores mobiliários*, cit., 84, n. 11

[120] Acórdão n.º 491/02, de que foi Relator o Conselheiro PAULO MOTA PINTO, disponível em http://www.tribunalconstitucional.pt/jurisprudencia.htm .

– estar respeitado o princípio da tutela da confiança, dada a aplicação não retroactiva do preceito (art. 541.º CSC).

Atento o *thema decidendum*, o aresto não considerou directamente as questões relacionadas com a transmissão potestativa de sociedades abertas. Todavia, não se apresentam obstáculos a uma transposição destes argumentos para o instituto em apreço, o que melhor se compreende à luz de uma reflexão sobre o fundamento da aquisição potestativa mobiliária.

III – Há quem aponte que a transmissão potestativa mobiliária surge como contraponto das OPAs obrigatórias: se alguém se vê forçado a dirigir uma oferta a percentagens significativas de minoritários em caso de transição de controlo deve então poder adquirir as acções sobrantes detidas por parcelas menos significativas de minoritários[121]. Apenas em parte, todavia, este argumento encontra acolhimento na prática dos países da União Europeia: de facto, nesta data, todos os Estados Europeus que conhecem a transmissão potestativa igualmente prevêem a OPA obrigatória, mas nem todos os Estados a prever a OPA obrigatória admitem direitos de aquisição e alienação potestativa[122]. Não se pode ver também um sinal decisivo no facto de os *law makers* comunitários terem incluído o tratamento da transmissão potestativa mobiliária numa Directiva sobre ofertas públicas de aquisição, na medida em que em causa está a transmissão potestativa após OPA e dado que a Directiva não cura apenas das ofertas obrigatórias. Não parece, por outro lado, adequado falar-se de uma simetria entre aquisição potestativa e dever de lançamento de OPA, na medida em que o lançamento de OPA obrigatória não assegura, por si, a obtenção do limiar que abre porta à

---

[121] FORUM EUROPAEUM, *Corporate Group Law for Europe*, cit., 71, 76--77; KAI HASSELBACH, *Kölner Kommentar zum WpÜG*, cit., sub § 327a AktG, Rdn. 8, 1421.

[122] Confira-se, de novo, o caso da Espanha, já atrás referido (*supra*, n. 77).

transmissão potestativa. O contrário sucede entre aquisição potestativa e alienação potestativa, onde – pela coincidência da previsão[123] – existe de facto uma simetria perfeita de posições jurídicas.

É por isso mais convincente assentar em que a proporcionalidade da aquisição potestativa mobiliária e dos fundamentos que lhe estão subjacentes se confirma mais facilmente à luz de uma análise económica das regras jurídicas. Com efeito, nesta modalidade de transmissão forçada há finalidades de eficiência ligadas ao funcionamento das sociedades, quando assumem a ruptura com o modelo de sociedade aberta.

Neste plano, o principal argumento reside na ponderação entre custos que a operação impõe aos minoritários e os benefícios daí decorrentes para o accionista dominante[124]. Graças ao funcionamento das regras respeitantes à contrapartida justa e visto que o direito de alienação potestativa equilibra consideravelmente o instituto, evitando que os minoritários fiquem encurralados, "prisioneiros dos seus títulos", os inconvenientes sofridos pela perda das participações dos minoritários são claramente menores do que os benefícios resultantes para os accionistas dominantes.

A demonstração deste ponto passa, em primeiro lugar, por indicar que a transmissão potestativa constitui elemento de pacificação da estrutura de propriedade da sociedade. De um lado, o instituto serve o propósito de resolver situações de desentendimentos graves entre sócios que seriam conducentes à dissolução da sociedade decidida pelo sócio maioritário (*favor societatis*). De outro lado, ao resolver a tensão entre minoria a maioria,

---

[123] Lembre-se estarem em causa direitos potestativos: logo, são situações jurídicas absolutas, independentes uma da outra – e não relativas.

[124] Para uma boa análise da racionalidade económica desta operação: CÁNDIDO PAZ-ARES, *Aproximación al Estudio de los Squeeze-Outs en el Derecho Español*, cit., 8-15. Cfr. substancialmente no mesmo sentido TIM DRYGALA, *Die Vorschläge der SLIM-Arbeitsgruppe zur Vereifachung des Europäischen Gesellschaftsrecht*, cit., 298 [embora entenda que saída diferente deveriam merecer as sociedades que contam desde a sua génese com uma parcela de accionistas minoritários].

permite que se libertem fundos para investimentos em prol do robustecimento da empresa[125]. Demais, é bom ter presente que, à luz do direito português, o domínio total atribui à sociedade dominante o direito de transmitir instruções desvantajosas à sociedade dominada (art. 503.º, n.º 1 CSC). Nesta medida, a transmissão potestativa facilita a exploração de sinergias entre a pessoa dominante e a sociedade dominada. Além disso, quando a pessoa dominante surge à cabeça de uma coligação de sociedades, a aquisição potestativa abre porta a uma simplificação da direcção empresarial do grupo[126].

Este ponto de vista é complementado com o reconhecimento de que as aquisições potestativas tornam a aquisição mais atraente do ponto de vista dos adquirentes – pois facilitam a obtenção de um domínio total sobre uma sociedade, o que tem um valor maior do que um domínio a 90%[127]. Com isto, as aquisições potestativas estimulam o aparecimento de propostas de aquisição dirigidas ao público accionista, facilitando o funcionamento do mercado de controlo societário – o que reverte em benefício dos accionistas minoritários.

Além disso, o recurso ao mecanismo de transmissão forçada pode ser entendida como escolha racional para obviar aos custos em que a sociedade pode incorrer por efeito das minorias e de possíveis actuações abusivas ou de extorsão indevida de vantagens (*green mail*)[128]. A justificá-lo, convém recordar, neste

---

[125] FRANK EASTERBROOK/DANIEL FISCHEL, *Corporate control transactions*, Yale LJ (1981/82), 705-706.

[126] KAI HASSELBACH, *Kölner Kommentar zum WpÜG*, cit., sub § 327a AktG, Rdn. 6, 1419.

[127] Para uma demonstração, reenvia-se para MIKE BURKART/ FAUSTO PANUZZI, *Mandatory Bids, Squeeze-out, Sell-out and the Dynamics of the Tender Offer Process*, cit., 17-19.

[128] HIGH LEVEL GROUP OF COMPANY LAW EXPERTS, *Report on Issues related to Takeover Bids*, cit., 60-61; M. HENRIQUE MESQUITA, *Os Grupos de Sociedades*, in *Os Quinze Anos de Vigência do Código das Sociedades Comerciais*, Coimbra (2003), 241.

contexto, que as sociedades anónimas se encontram em situação mais delicada perante estes comportamentos, por não lhes ser possível lançar mão da exclusão de sócio como resposta para o abuso de minoria. Este argumento, se bem que contrarie a opinião dominante no tocante às sociedades anónimas em geral[129], deve considerar-se isento de controvérsia em relação às sociedades cotadas em bolsa, dada a ampla liberdade transmissiva que lhes é inerente (art. 204.º, n.º 2 a) CVM).

Todas estas justificações confirmam claramente a proporcionalidade do instituto, em confronto com os dados constitucionais, e assentam na eficiência da operação, na acepção de KALDOR-HICKS – que se atinge quando, no conjunto, os benefícios obtidos com uma transacção excedem os custos[130].

---

[129] O ponto não pode ser aqui desenvolvido, embora possa adiantar-se que a estrutura matricial das anónimas e o regime previsto no Código das Sociedades Comerciais apenas parece abrir espaço para exclusões fundadas em cláusulas estatutárias. Veja-se aliás que no caso extremo de incumprimento da obrigação de entrada, a perda de acções do accionista remisso (art. 285.º, n.º 4 CSC) não implica entre nós necessariamente a exclusão do accionista – podendo conservar a titularidade das acções integralmente liberadas. Formulação igualmente restritiva pode encontrar-se em AVELÃS NUNES, *O Direito de Exclusão de Sócios de Sociedades Comerciais*, Coimbra (1968), 85-94. Em sentido dissonante, admitindo (embora sempre com critérios de exigência) a transposição analógica do art. 242.º, n.º 1 CSC para o domínio das anónimas, veja-se: LUÍS MENEZES LEITÃO, *Pressupostos da Exclusão de Sócio nas Sociedades Comerciais*, Lisboa, (1989), 92-98; COUTINHO DE ABREU, *Curso de Direito Comercial*, II, Coimbra, (2001), 437--438; CAROLINA CUNHA, *A Exclusão de Sócios*, in *Problemas do Direito das Sociedades*, Coimbra (2002), 231-233. Sobre o abuso de minoria, cfr. em geral COUTINHO DE ABREU, *Abuso de Minorias* in *Problemas do Direito das Sociedades*, cit., 65-70.

[130] JULES COLEMAN, *Efficiency, Utility, and Wealth Maximization*, in AVERY WIENER KATZ, *Foundations of the Economic Analysis of Law*, cit., 11-17 (11-12); BRIAN CHEFFINS, *Company Law. Theory , Structure and Operation*, cit., 14-16.

IV – Há ainda dois argumentos que são apresentados em apreciação da aquisição potestativa que têm em comum o facto de acentuarem a circunstância de o accionista não ter qualquer domínio sobre o momento em que a transmissão se verifica. De um lado, aponta-se que este esquema tem o inconveniente de, em mercados de tendência de quebra de cotações, poder consumar uma perda, quando o investimento dos minoritários havia sido realizado a preços superiores. Por exemplo, se um investidor adquiriu acções a 100 e um ano mais tarde se vê confrontado com a aquisição potestativa quando as cotações estão estavelmente a 30, não deixa de sofrer um prejuízo relativamente ao preço de aquisição, ainda que as exigências de contrapartida justa fixadas no art. 188.º CVM se vejam cumpridas. Além disso, em hipóteses inversas, mas menos frequentes, em que a transmissão potestativa ocorre em momento de cotações em alta, a sua realização corre o risco de afectar o planeamento fiscal do accionista alienante, podendo resultar na constituição de mais-valias.

No entanto, ambas as situações descritas significam meras decorrências do funcionamento exógeno dos mecanismos de mercado, não tendo que ver directamente com o desenho do instituto da aquisição potestativa[131]. Assim, o primeiro caso significa uma decorrência da aplicação do critério essencial que deve ser mantido, respeitante à valorização justa da contrapartida à data em que a transmissão é operada: é certo, aliás, que o accionista poderia ter evitado uma perda tão acentuada se tivesse procedido à alienação (voluntária) das suas acções no início da curva descendente do ciclo de cotações. O segundo

---

[131] Para a discussão destas questões face ao direito inglês, e com conclusões similares às apresentadas no texto, tem interesse consultar a decisão Re Grierson Oldham and Adams Ltd [1968] Ch 17, [1967] 1 Al ER 192 (Chancery Division), acessível em L. S. SEALY, *Cases and Materials in Company Law*[5], (1992), 521-523.

caso, por seu turno, não inspira preocupações significativas de tutela, porquanto a planificação fiscal, implicando um dano ligado à situação concreta de apenas alguns accionistas, não se apresenta como elemento incluído no escopo de protecção destas normas societárias; soma-se que o sobrepreço usualmente pago aos minoritários cobre, geralmente, os inconvenientes de uma frustração da planificação fiscal[132].

V – Atenta a análise atrás feita sobre o confronto entre o art. 490.º CSC e o correspondente esquema mobiliário, deve assentar-se em que, com a recente tomada de posição do Tribunal Constitucional, o problema deve considerar-se, *por maioria de razão*, resolvido para o art. 194.º CVM.

Correspondendo a um aprimoramento da solução societária, e colocando-se à margem do estigma da dúvida da constitucionalidade que recaía sobre o art. 490.º CSC, o novo regime da aquisição, sendo mais garantístico, representa um instrumento equilibrado de um são governo societário.

Além disso, visto que os arts. 194.º e seguintes são normas especiais e não excepcionais, contêm soluções que podem ser transpostas por integração analógica para o direito dos grupos – designadamente, mas não só, quanto aos critérios materiais para determinação da contrapartida e quanto ao bloqueio dos valores mobiliários escriturais que a integram[133].

Designadamente, não creio que a circunstância de o n.º 7 do art. 490.º remeter para o Código dos Valores Mobiliários a

---

[132] ROBERT CLARK, *Corporate Law*, cit., 504-505.

[133] Veja-se nomeadamente que quanto à aplicação do princípio de igualdade de tratamento, o Acórdão n.º 491/02 do Tribunal Constitucional, atrás analisado, invoca o art. 197.º CVM (p. 25-26 da versão disponível no sítio do TC) para inferir, como argumento sistemático de interpretação do art. 490.º CSC, não ser possível fazer uso do mecanismo de aquisição potestativa em relação apenas a uma parcela do universo de sócios minoritários.

regulação da aquisição potestativa mobiliária impeça o uso das ferramentas gerais de interpretação por recurso ao elemento sistemático e de integração de lacunas[134]. Este constitui um caminho que compete à prática aplicativa – designadamente jurisprudencial – desenvolver.

---

[134] Tendencialmente em sentido contrário, mas apenas referindo-se ao problema da consignação de depósito da contrapartida, consulte-se COUTINHO DE ABREU/ ALEXANDRE SOVERAL MARTINS, *Grupos de Sociedades. Aquisições Tendentes ao Domínio Total,* (2003), 34.

§ 5.º
Síntese conclusiva

I – O ordenamento jurídico português, embora não facultando de modo directo uma exclusão de cotação a requerimento da sociedade[135], disponibiliza dois institutos que conduzem ao mesmo efeito – a perda de qualidade de sociedade aberta e a aquisição potestativa tendente ao domínio total.

Aliás, neste quadro, as operações de saída de mercado podem revestir configurações menos intensas – a exclusão de bolsa, na medida em que deixa intocada a qualidade de sociedade aberta – ou mais intensas. Na manifestação mais intensa – a aquisição potestativa tendente ao domínio total – a saída de mercado implica uma cessação do vínculo social dos sócios minoritários.

É, porém, de notar que a saída de mercado não envolve tecnicamente uma exclusão de sócios. De facto, a transmissão potestativa distingue-se da exclusão de sócios prevista na lei societária na medida em que as participações sociais são adquiridas pelo sócio dominante e não pela própria sociedade. Aliás, um traço importante do regime das operações de saída de mercado em confronto com as tradicionais categorias societárias da exoneração e da exclusão de sócios diz respeito ao facto de ser o sócio dominante, e não a sociedade, a arcar com os encargos da saída dos minoritários (seja esta forçada ou voluntária: segundo respectivamente os arts. 194.º, n.º 1 e 27.º, n.º 1, b) CVM).

---

[135] Cfr. *supra*, § 2.º, 6., II.

II – Pode também acrescentar-se que a exclusão do mercado implica tendencialmente uma operação tendente à concentração do domínio sobre sociedades abertas – apenas assim não sucedendo forçosamente na exclusão de bolsa. É certo, porém, que nem todas as operações de concentração se passam em mercado ou visam a exclusão de mercado.

A legitimidade para recorrer à saída do mercado será diferente consoante os casos. Pertencerá em regra ao sócio maioritário, e não à sociedade. Esta apenas goza de legitimidade para solicitar a saída de mercado, no caso de perda de qualidade que decorra de deliberação societária (art. 27.º, n.º 1 b) CVM) ou do decurso de um ano sobre exclusão por falta de liquidez (art. 27.º, n.º 1 c) CVM).

III – A recente harmonização comunitária da transmissão potestativa tendente ao domínio total, que deve no essencial ser saudada[136], obrigará a introduzir alguns ajustamentos no direito nacional. Haverá, designadamente, que encurtar o prazo para o exercício da aquisição potestativa – de seis para três meses – e fixar um prazo, aliás idêntico, para a alienação potestativa[137]. Deve consagrar-se igualmente a permissão de aquisição forçada dentro de cada categoria de acções representativas do capital social da sociedade visada. Por fim, pode ainda ponderar-se uma redefinição da fasquia crítica que permite aceder à transmissão potestativa, embora tal seja desnecessário à luz do texto comunitário[138]. Independentemente da orientação que venha a ser imprimida na transposição da Directiva para o direito interno, não é de estimar, contudo, que estas alterações venham a afectar a estrutura da regulação nacional sobre o tema.

---

[136] Cfr. *supra*, § 4.º, 9., V.
[137] Cfr. *supra*, § 4.º, 10., IV.
[138] Cfr. *supra*, § 4.º, 10., VI.

AS ESCRITURAS DE JUSTIFICAÇÃO PARA FINS DE REGISTO COMERCIAL

FERNANDO NETO FERREIRINHA
Inspector do Notariado Aposentado

I
Preâmbulo

1 – Nota prévia

Muitos e variados são os problemas que a aplicação do Código das Sociedades Comerciais (CSC), aprovado pelo Decreto-Lei n.º 262/86, de 2 de Setembro, tem suscitado, ao longo da sua vigência, no âmbito da função notarial.

A benesse que os cartórios notariais (e também, naturalmente, as conservatórias do registo comercial) têm colhido do labor e do saber postos no estudo e análise de muitos desses problemas pelos Serviços Jurídicos e pelo Conselho Técnico da Direcção-Geral dos Registos e do Notariado não pode nem deve ser aqui olvidada.

Seria, no entanto, imperdoável esquecimento e enorme injustiça não sublinhar, do mesmo passo, a contribuição prestada por inúmeros notários para a resolução, dentro do quadro legal, de muitas outras questões relacionadas com o direito das sociedades e levantadas quer por utentes dos serviços externos quer mesmo por advogados e solicitadores.

O essencial da função notarial é, como se sabe, constituído pela titulação dos actos jurídicos extrajudiciais (adequando a vontade dos outorgantes à vontade do ordenamento), aliada à autenticidade que os notários lhes imprimem por via da fé pública de que gozam e que lhes é conferida pelo Estado, da qual resulta a força probatória material e formal dos títulos e documentos por eles exarados.

Mas o trabalho dos profissionais da nota, como o legislador reconhece, não se esgota nessa actividade documentadora, cabendo-lhes também o dever de prestar assistência aos particulares, orientando-os sobre a melhor forma de ajustar a vontade declarada às exigências legais e esclarecendo-os sobre os seus direitos e obrigações, face ao negócio que pretendem realizar, sem deixarem de manter a sua independência e equidistância relativamente a eles.

O n.º 2 do artigo 1.º do Código do Notariado (CN), aprovado pelo Decreto-Lei n.º 207/95, de 14 de Agosto, permitindo ao notário a prestação de assessoria às partes na expressão da sua vontade negocial, dá, aliás, cobertura legal a tal dever, tornando-os tributários da obrigação de proceder à análise, estudo e preparação dos actos, para exercerem o desejável e as mais das vezes indispensável aconselhamento jurídico.

É pena – perdoe-se-me o desabafo nesta nota introdutória – que o esforço e a dedicação postos nessas tarefas pela generalidade dos notários – quantas vezes fora das horas normais de serviço, tendo por única testemunha o silêncio dos seus gabinetes! –, nem sempre sejam devidamente compreendidos pela colectividade em geral, que amiúde os acusa, injustificadamente, de burocratas, quando, afinal, a burocracia é de única e exclusiva responsabilidade dos poderes instituídos, ao imporem-lhes o dever de exigir aos cidadãos documentos e mais documentos, muitos deles inúteis ou supérfluos, sob pena de caírem na alçada disciplinar, em caso de inobservância ou incumprimento desse dever[1].

2 – Considerações gerais

Na impossibilidade de abordar, ao menos ao de leve, toda a vastidão dos "*Problemas notariais no direito das sociedades*"

---

[1] Esta realidade *subsiste* independentemente da forma, pública ou privada, como a função notarial deva ser exercida.

– tema desta mesa redonda – elegi como objecto de reflexão as escrituras de justificação para fins de registo comercial, face à sua conexão com aquele ramo de direito e também por se tratar de actos com expressão reduzidíssima (direi mesmo, sem receio de me enganar, quase nula) no movimento dos cartórios notariais e, talvez por isso, dos menos estudados a nível da doutrina e da jurisprudência.

A lei sujeita a registo obrigatório o contrato de sociedade comercial e civil sob forma comercial – vide artigos 3.º n.º 1 *a)* e 15.º n.º 1 do Código do Registo Comercial (CRC), aprovado pelo Decreto-Lei n.º 403/86, de 3 de Dezembro[2].

Do extracto da respectiva inscrição fica a constar, entre outras menções especiais, as quotas ou partes sociais – cfr. artigo 16.º *b)* do Regulamento do Registo Comercial, aprovado pela Portaria n.º 883/89, de 13 de Outubro, na redacção que lhe foi dada pela Portaria n.º 773/94, de 26 de Agosto.

A modificação da titularidade das quotas e das partes sociais das sociedades em nome colectivo e em comandita simples e dos direitos sobre elas deve ser também levada ao registo, obrigatoriamente, de acordo com o preceituado nos artigos 3.º *c)*, *e)* e *f)* e 15.º n.º 1 do citado CRC. Para tanto, é necessário que os actos pelos quais se opere essa modificação sejam lavrados com intervenção do titular inscrito – vide artigo 31.º do CRC.

---

[2] A citada disposição legal fala em *contrato*, certamente por ser esse o modo normal de constituir as sociedades. Mas o acto constituinte das sociedades também pode ser um *negócio jurídico unilateral* nas sociedades por quotas e anónimas unipessoais, um *acto legislativo* nas sociedades constituídas por decreto-lei ou lei, uma *decisão judiciária homologatória* da deliberação da assembleia de credores nas sociedades criadas por providência de recuperação "reconstituição empresarial" e até, na formação de sociedades com apelo à subscrição pública, a *deliberação da assembleia constitutiva* cumulativamente com o contrato formado pelas declarações dos promotores e subscritores – cfr. COUTINHO DE ABREU, *Curso de Direito Comercial*, vol. II, Das Sociedades, Livraria Almedina 2002, pp. 90 e ss..

A esta regra, segundo a qual se exige a inscrição prévia do direito transmitido e a inscrição dos sucessivos titulares, chama--se *trato sucessivo*.

Ora, pode acontecer que o detentor de quotas ou de partes do capital social ou de direitos sobre elas não disponha de documento bastante para comprovar a sua titularidade ou então que ocorra na cadeia das aquisições intermédias falta ou insuficiência de títulos que as comprovem.

A lei permite então aos interessados lançar mão de escritura de justificação para efeito de registo da *aquisição*[3] da propriedade ou do usufruto de quotas ou de partes do capital social ou da divisão ou unificação de quotas de sociedades comerciais ou civis sob forma comercial, tendo por objecto a dedução do trato sucessivo a partir da última inscrição ou o estabelecimento de novo trato sucessivo – cfr. n.º 1 do artigo 94.º do CN.

O CSC abriu outra via de acesso a este tipo de escrituras, ao consagrar no n.º 2 do artigo 141.º a possibilidade de se justificar notarialmente a dissolução de sociedades, quando, ocorrendo uma causa de dissolução imediata, o competente órgão

---

[3] O legislador utilizou no n.º 1 do artigo 94.º do CN em vigor, aprovado pelo Decreto-Lei n.º 207/95, de 14 de Agosto, a expressão *"registo da transmissão"*, que já vinha do correspondente preceito do CN anterior, aprovado pelo Decreto-Lei n.º 47 619, de 31 de Março.

A meu ver, porém, devia ter falado antes em *"registo da aquisição"*, como se fez no texto, dado que hoje a escritura de justificação para efeito do registo da propriedade das participações sociais tanto pode fundamentar-se em aquisição derivada como em aquisição originária.

Com efeito, como adiante se verá, a possibilidade do recurso à escritura de justificação relativamente aos actos modificativos das participações sociais foi introduzida pelo artigo 3.º do Decreto-Lei n.º 47 611, de 28 de Março de 1967, mas apenas para fins de reatamento do trato sucessivo, pois a viabilização desse tipo de escritura, tendo por objecto o estabelecimento de novo trato sucessivo – com invocação da posse conducente à usucapião, enquanto causa originária da aquisição –, só é permitida desde a entrada em vigor do actual Código do Notariado.

social não requeira o respectivo registo. Esta providência foi acolhida – sem a regulamentação que, a meu ver, se impunha – pelo n.º 2 do falado artigo 94.º do CN.

Sem embargo de se considerar que poderia ser pertinente o legislador encarar a admissibilidade da "justificação" (em sede notarial ou noutra) para mais fins, este trabalho vai incidir sobre aqueles *dois tipos possíveis de escritura de justificação*, a saber:

– *para registo da aquisição da propriedade ou do usufruto de quotas ou de partes do capital social ou da divisão ou unificação de quotas*; e

– *para registo da dissolução de sociedades.*

II
O objecto das escrituras de justificação para fins de registo comercial

1 – Alguns dados históricos

A justificação notarial para fins de registo comercial apareceu, pela primeira vez e com carácter transitório, nos artigos 16.º e 17.º do Decreto-Lei n.º 42 644, de 14 de Novembro de 1959.

Rezava assim o artigo 16.º: *"As sociedades por quotas que, por falta de títulos bastantes, estejam impossibilitadas de levar a registo qualquer alteração introduzida no pacto social, por deliberação tomada há mais de dez anos, pela respectiva assembleia geral, podem, dentro do prazo a que se refere o n.º 2 do artigo 13.º (o prazo era de 180 dias, contados da data da entrada em vigor do dito diploma) e para fins de registo, suprir a falta mediante justificação notarial"*.

Por seu turno, o artigo 17.º preceituava no seu número 1: *"A justificação notarial, para fins de registo, consiste na reconstituição das alterações introduzidas no pacto social, por meio de declarações prestadas em escritura pública por três sócios fundadores ou por mandatários seus, com poderes especiais, e confirmada por mais três declarantes que o notário reconheça idóneos, em que se especifiquem as alterações verificadas e as datas das respectivas deliberações sociais, bem como as circunstâncias que impossibilitem a sociedade de as comprovar pelos meios normais"*.

Como se constata, a justificação nesta fase era admitida apenas para a *reconstituição de alterações introduzidas no pacto social*, em relação às quais existisse impossibilidade de fazer a correspondente prova pelos meios extra-judiciais normais.

A justificação dependia da verificação das seguintes condições:

a) que a sociedade fosse por quotas;

b) que a alteração do pacto tivesse sido introduzida por deliberação da assembleia geral;

c) que tal deliberação tivesse sido tomada há mais de 10 anos; e

d) que a escritura fosse realizada dentro do prazo de 180 dias, contados da data da entrada em vigor do referenciado diploma.

Além disso, os requisitos exigidos aos sócios que haviam de outorgar na escritura restringiam grandemente a possibilidade de se efectuarem justificações notariais para o aludido fim: os sócios tinham de ser fundadores, em número de três e, segundo então se entendia, deviam ter a qualidade de sócios no momento da realização da assembleia geral que aprovara a alteração do pacto e ter intervindo nela.

Impossível era, pois, fazer qualquer justificação em relação a sociedades fundadas com apenas dois sócios ou com mais, desde que no momento da celebração da escritura já não existissem três, designadamente por falecimento de alguns ou cessão da sua posição social[4].

O artigo 3.º do Decreto-Lei n.º 47 611, de 28 de Março de 1967, veio depois permitir – e agora sem qualquer restrição quanto à sua duração – a celebração de escrituras de justificação

---

[4] Cfr. PUPO CORREIA, *Legislação sobre registo comercial*, anotada, Atlântida Editora, Coimbra – 1969 – pp. 122 e 123.

para fim diferente do previsto naqueles artigos 16.º e 17.º, ao preceituar que "*as sociedades comerciais e as sociedades civis sob forma comercial que, por falta de título bastante, estejam impossibilitadas de levar ao registo a transmissão da propriedade ou do usufruto de quotas ou partes do capital social ou a divisão ou unificação de quotas, podem, para fins de registo, suprir a falta de título mediante escritura de justificação lavrada nos termos prescritos na lei notarial*".

A lei notarial em causa era naturalmente o Código do Notariado, aprovado de imediato pelo Decreto-Lei n.º 47 619, de 31 de Março de 1967, cujo artigo 103.º dizia que a justificação notarial para aquele fim tinha por objecto a dedução do trato sucessivo a partir da última inscrição, por meio de declarações prestadas pelos respectivos gerentes ou administradores e confirmadas por mais três declarantes.

Quer dizer: com a entrada em vigor deste Decreto-Lei n.º 47 619 *deixou de poder fazer-se a justificação notarial para reconstituir as alterações introduzidas no pacto* (o que, como vimos, só transitoriamente foi admitido), *permitindo-se, no entanto, o recurso à escritura de justificação mas só para efeito do reatamento do trato sucessivo relativamente aos actos modificativos da titularidade de quotas ou partes do capital social e de direitos sobre elas*[5].

Entretanto, o CSC veio permitir a certos interessados a faculdade de utilizar em determinados casos a justificação notarial como meio de conseguir o registo da dissolução das sociedades – cfr. artigo 141.º, n.ºs 1 e 2.

---

[5] Afirmamos a possibilidade de, nesta altura, o acto se destinar apenas ao "reatamento", pelo facto de o Decreto-Lei n.º 47 611 falar em "suprir a falta de título" e o artigo 103.º em "dedução do trato sucessivo".

Ver-se-á adiante em que consistem as figuras do estabelecimento do trato sucessivo, do reatamento do trato sucessivo e do estabelecimento de novo trato sucessivo.

A regulamentação deste tipo de escrituras deveria ter sido feita de imediato no Código do Notariado, mas esse trabalho ainda hoje está por efectuar, pois a única referência que aparece a esta espécie de justificação na lei notarial ora em vigor é a que consta do n.º 2 do artigo 94.º, onde se diz simplesmente que "*a justificação a que se refere o n.º 2 do artigo 141.º do Código das Sociedades Comerciais tem por objecto a declaração de dissolução da sociedade*".

A solução que resta ao notário é fazer aplicação dos preceitos análogos previstos no Código do Notariado a propósito das justificações em geral, naquilo que for interessante e não contrário à natureza do registo comercial.

O CN em vigor, que, como acabamos de ver, introduziu no n.º 2 do artigo 94.º a figura da justificação notarial da dissolução, deu também viabilidade à feitura de *escritura de justificação tendo por objecto o estabelecimento de novo trato sucessivo*, acrescentando, desse modo, mais uma hipótese de recurso à justificação, uma vez que ela já existia para efeito do reatamento do trato sucessivo – cfr. n.1 do dito artigo 94.º.

2 – O regime vigente

O CN dedicou às escrituras de justificação para fins do registo comercial uma disposição especial, o artigo 94.º: no seu n.º 1, fala-se da justificação destinada ao registo da aquisição da propriedade ou do usufruto de quotas ou de partes do capital social ou da divisão ou unificação de quotas de sociedades comerciais, ou civis sob forma comercial, tendo por objecto a dedução do trato sucessivo a partir da última inscrição, ou o estabelecimento de novo trato sucessivo; no n.º 2, da justificação visando o registo de dissolução imediata da sociedade, nos casos a que se reporta o n.º 2 do artigo 141.º do CSC, tendo por objecto a declaração da correspondente dissolução.

Analisemos então esses tipos de justificação em separado: primeiro, o alusivo à matéria do trato sucessivo; depois o concernente à dissolução imediata das sociedades nos casos previstos no contrato ou na lei.

a) *O trato sucessivo*

O trato sucessivo é susceptível de ser entendido no *aspecto material* como o princípio segundo o qual só quem se encontre inscrito no registo pode alienar ou onerar[6]: neste sentido o trato sucessivo é, de certo modo, um princípio de legitimação.

O trato sucessivo é, porém, um *princípio formal*: só pode obter o *registo definitivo* quem adquire daquele que se ache inscrito no registo, mas se essa inscrição não existir, poder-se-á sempre obter o *registo provisório*, se for válida a aquisição.

Em registo comercial, o que origina a primeira inscrição é o acto constituinte da sociedade e, uma vez que a qualidade de sócio está sujeita a registo nas sociedades em nome colectivo, por quotas e em comandita simples – cfr. artigo 3.º c) e e) do CRC –, é nessa inscrição que fica consignada a titularidade das quotas ou das partes do capital social, não podendo, consequentemente, utilizar-se a justificação notarial para a primeira inscrição da titularidade dessas participações sociais[7].

Nem o Regulamento de 15 de Novembro de 1888, nem o citado Decreto-Lei n.º 42 644 dedicaram qualquer disposição ao princípio do trato sucessivo em registo comercial.

---

[6] CATARINO NUNES, *Código do Registo Predial*, anotado, Atlântida Editora, Coimbra, 1968, p. 233.

[7] Como diz J. A. MOUTEIRA GUERREIRO (Noções de Direito Registral, 2ª edição, Coimbra Editora, p.389) ao registo comercial importam as *titularidades*, ou seja, os direitos sobre partes sociais, como objecto de relações jurídicas próprias, pois, podendo tais partes sociais ser transmitidas ou oneradas *derivadamente* (o que o registo deve publicar), ser-lhes-á aplicável o princípio do trato sucessivo, como um dos que se insere na disciplina própria daquela espécie de aquisição.

Só o artigo 31.º do actual CRC, aprovado, como dissemos, pelo Decreto-Lei n.º 403/86, de 3 de Dezembro, passou a contemplar directamente esse princípio, o que significa que, desde a entrada em vigor do Decreto-Lei n.º 47 611, de 28 de Março de 1967 – que previu pela primeira vez a possibilidade de notarialmente se justificar o direito de propriedade ou o usufruto de quotas ou partes do capital social –, até ao dia 1 de Janeiro de 1987 – data da entrada em vigor do actual CRC –, a lacuna foi colmatada através da aplicação das disposições congéneres sobre o trato sucessivo em registo predial, em tudo o que não fosse contrário à natureza do registo comercial.

Reza assim o artigo 31.º do CRC: *"Para poder ser lavrada a inscrição definitiva de actos modificativos da titularidade de quotas ou partes sociais e de direitos sobre elas é necessária a intervenção nesses actos do titular inscrito, salvo se o facto for consequência de outro anteriormente inscrito".*

O trato sucessivo – ou seja, a regra segundo a qual o direito do transmissário depende da prévia inscrição do direito do transmitente – fica, deste modo, restringido no registo comercial às novas inscrições de actos modificativos da titularidade de quotas ou de partes sociais e de direitos sobre elas, não se aplicando, portanto, aos actos que não afectam a titularidade dessas participações sociais, como sejam os actos modificativos dos elementos do contrato de sociedade.

Esta é, como não podia deixar de ser, a orientação dos serviços centrais da Direcção-Geral dos Registos e do Notariado (DGRN)[8], que aqui se transcreve:

"No registo comercial não faz sentido perspectivar-se o princípio do trato sucessivo fora do âmbito das titularidades das participações sociais e das correspondentes transmissões.

---

[8] Cfr. Boletim dos Registos e do Notariado (BRN) n.º 8/2001 – I caderno – p. 17.

Assim, não deve este princípio de direito registral, que tem por finalidade dar cumprimento à regra geral (substantiva) da aquisição derivada, ser aplicado a outras situações que não as especialmente previstas no artigo 31.º do Código do Registo Comercial.

Consequentemente, não estão sujeitos ao princípio do trato sucessivo os actos modificativos dos elementos do contrato de sociedade ou as vicissitudes próprias da sociedade, que nada tenham a ver com titularidades das participações".

O fundamento do trato sucessivo está no direito do anterior titular do bem e tem a sua outra face no princípio da legitimação, de que o artigo 11.º do CRC faz eco quando, reportando--se às presunções derivadas do registo, proclama que *"o registo definitivo constitui presunção de que existe a situação jurídica, nos precisos termos em que é definida".*

Esta presunção legitima o titular do direito inscrito – *"legitimação do titular do direito para o comércio jurídico"*[9] –, pelo que a inscrição da titularidade das participações sociais é, assim, requisito ou pressuposto para cumprimento do trato sucessivo.

Aqui chegados, ocorre perguntar: mas então só é sócio – ou só se presume ser sócio – quem como tal figura no registo?

A questão foi equacionada já em parecer dos Serviços Jurídicos da DGRN[10].

Ponderou-se aí que sócio duma sociedade comercial é quem é membro dela, por nela deter uma participação social, estando essa qualidade de sócio sujeita a registo, como dissemos supra, nas sociedades em nome colectivo, por quotas e em comandita simples, dado o pendor personalista destes tipos de sociedades.

---

[9] CATARINO NUNES, obra cit., p. 223.
[10] Parecer emitido pelo consultor externo FELÍCIO NORONHA, proferido no processo n.º R.CO. 35/98 – DSJ e publicado no BRN n.º 4/99 – I caderno – pp. 15 e ss..

O artigo 13.º n.º 1 do CRC determina que os actos sujeitos a registo, ainda que não registados, podem ser invocados entre as próprias partes ou seus herdeiros e o n.º 1 do artigo 168.º do CSC esclarece que os terceiros podem prevalecer-se de actos cujo registo e publicação não tenham sido efectuados, salvo se a lei privar esses actos de todos os efeitos ou especificar para que efeitos podem os terceiros prevalecer-se deles.

Resulta destas disposições que a *eficácia inter partes e a eficácia favorável a terceiros, contra as partes*, da generalidade[11] dos actos de registo comercial (incluindo aqueles que têm as participações sociais por objecto e, portanto, a qualidade de sócio) é independente do registo.

No que toca à *oponibilidade a terceiros* o n.º1 do artigo 14.º do CRC diz que os factos sujeitos a registo só produzem efeitos contra terceiros depois da data do respectivo registo, mas – acrescenta o n.º 4 – o disposto neste artigo não prejudica o estabelecido no Código das Sociedades Comerciais.

Ora, segundo o artigo 170.º do CSC, a eficácia para com a sociedade de actos que, nos termos da lei, lhe devam ser notificados ou comunicados não depende de registo ou de publicação e, de acordo com o n.º 4 do artigo 182.º e n.º 3 do artigo 228.º do mesmo código, aplicáveis, respectivamente, às sociedades em nome colectivo e por quotas, a transmissão entre vivos da parte do sócio ou de quota torna-se eficaz para com a sociedade logo que lhe for comunicada por escrito ou por ela reconhecida, expressa ou tacitamente.

Decorre daqui que as transmissões das participações sociais, mesmo que registadas, são ineficazes relativamente às sociedades, se a estas não tiverem sido comunicadas, ou por elas reconhecidas, assim como estas comunicações ou reconhecimentos tornam as mesmas aquisições eficazes relativamente às sociedades, ainda que não registadas.

---

[11] Há vários actos, como a constituição de sociedades, em que o registo é constitutivo – cfr. artigo 5.º do CSC.

Vê-se, do exposto, que não há uma única resposta válida para a questão que se colocou, saber se só é (ou se só se presume ser) sócio quem como tal figura no registo.

Esclarecidamente, o autor do aludido parecer concluiu que, se o que estiver em causa for a titularidade como legitimidade para dispor juridicamente da participação social (e também como requisito ou pressuposto de ter sido cumprido o trato sucessivo, acrescento eu agora), não há dúvida de que a qualidade de sócio reside no (e a presunção resultante do registo aproveita ao) titular inscrito e é oponível a terceiros – cfr. artigos 11.º, 14.º e 31.º do CRC. Mas se o que estiver em causa for o complexo de direitos e deveres que integram a titularidade (entre os primeiros se contando, por certo, o de intervir na escritura de justificação para dedução do trato sucessivo a partir da última inscrição ou para estabelecimento de novo trato sucessivo), sócio é quem possa opor essa qualidade à sociedade, e, portanto, também aos demais sócios, independentemente do que conste do registo e suas presunções – cfr. artigo 14.º n.º 4 do CRC e artigos 170.º, 182.º n.º 4 e 228.º n.º 3 do CSC.

Dissemos supra que não pode utilizar-se a justificação notarial para a primeira inscrição da titularidade das participações sociais[12]: ela só é admitida para os efeitos de registo da aquisição da propriedade ou do usufruto de quotas ou de partes do capital social ou da divisão ou unificação de quotas de sociedades comerciais, ou civis sob forma comercial, e tem por objecto, nos termos do n.º 1 do artigo 94.º do CN, a dedução do trato sucessivo a partir da última inscrição ou o estabelecimento de novo trato sucessivo.

Quando é que estamos perante cada uma dessas situações, ou seja, quando é que podemos falar em *dedução de trato sucessivo* e em *estabelecimento de novo trato sucessivo*?

---

[12] Essa primeira titularidade *nasce* com a própria constituição da sociedade e aí o título constitutivo e respectivo registo são indispensáveis para a *existência da participação social*.

O artigo 94.º do CN não nos dá resposta directa a esta questão, estatuindo apenas no seu n.º 3 que "*à justificação a que se refere o n.º 1 é aplicável o disposto nos n.ºs 2 e 3 do artigo 90.º, bem como o disposto no n.º 2 do artigo 89.º, quando for caso disso*".

Teremos, assim, de ir buscar a resposta à disciplina correspondente aos casos análogos vigentes em registo predial, naquilo que, como é evidente, não contrarie a natureza do registo comercial.

Os artigos 89.º, 90.º e 91.º do CN, juntamente com o artigo 116.º do Código do Registo Predial (CRP), aprovado pelo Decreto-Lei n.º 224/84, de 6 de Julho, na redacção do Decreto-Lei n.º 273/2001, de 13 de Outubro, disciplinam, respectivamente, o estabelecimento do trato sucessivo, o reatamento do trato sucessivo e o estabelecimento de novo trato sucessivo.

Da análise desses preceitos, é possível concluir que os casos em que é legalmente admitida a justificação notarial para fins do registo predial são os seguintes[13]:

a) para obter a primeira inscrição, estabelecendo então o trato sucessivo relativamente a prédios ainda não descritos ou, quando objecto já de descrição, sobre eles não incida ainda inscrição de aquisição ou equivalente – cfr. artigos 89.º do CN e 116.º n.º 1 do CRP;

b) para reatamento do trato sucessivo, quando a sequência das aquisições derivadas (transmissões intermédias) se não interrompe desde o titular inscrito até ao actual proprietário (justificante), acontecendo, porém, que, relativamente a alguma ou algumas dessas transmissões, não dispõem os interessados do respectivo documento que as permita comprovar – cfr. artigos 90.º n.ºs 2 e 3 do CN e 116.º n.º 2 do CRP; e

---

[13] Vide deliberação do Conselho Técnico (CT) da DGRN de 19.07.2001, publicada no BRN n.º 9/2001 – II caderno – p. 7 (Relator: Silva Pereira), cuja conclusão I é praticamente reproduzida no texto.

c) para estabelecimento de novo trato sucessivo, contemplando então aquelas situações em que se verifique uma quebra na cadeia das aquisições derivadas por abandono do proprietário (quer o inscrito quer outro subsequente a ele), tornando, por isso, necessário que o justificante invoque a posse conducente à usucapião, enquanto causa originária da aquisição – cfr. artigos 91.º do CN e 116.º n.º 3 do CRP.

Transpondo agora as considerações acabadas de expender para o tema que nos interessa – *partindo sempre da circunstância de que o justificante não dispõe de documento bastante para comprovar o direito justificando* –, a justificação notarial em sede de registo comercial é legalmente admitida nos casos de reatamento do trato sucessivo e de estabelecimento de novo trato sucessivo, uma vez que, como vimos, o trato sucessivo fica desde logo inicialmente estabelecido com a inscrição do acto constituinte da sociedade[14].

A *dedução do trato sucessivo a partir da última inscrição* (ou *reatamento do trato sucessivo*) ocorre sempre que a sequência dos actos modificativos da titularidade[15] de quotas ou de

---

[14] Como vimos, os artigos 89.º, 90.º e 91.º do CN referem-se à justificação, respectivamente, para estabelecimento do trato sucessivo, reatamento do trato sucessivo e estabelecimento de novo trato sucessivo no registo predial. Ora, como no registo comercial o que origina a primeira inscrição é o acto constituinte da sociedade, ficando o trato sucessivo desde logo estabelecido com a inscrição do acto constituinte, cremos que a remissão feita no n.º 3 do artigo 94.º para o n.º 2 do artigo 89.º deveria antes ter sido feita para todo o artigo 91.º, até porque este já manda aplicar aquele n.º 2 do artigo 89.º.

[15] O CSC prefere falar de *titularidade* – vide artigos 222.º e ss., 233.º, 269.º, 303.º e 462.º. COUTINHO DE ABREU (obra cit. pp. 342 e 343) é, no entanto, da opinião de que é legítimo falar do *direito de propriedade* sobre as participações sociais (e não apenas sobre as acções tituladas), a despeito de o artigo 1302.º do CC considerar que só as coisas corpóreas podem ser

partes sociais e de direitos sobre elas (transmissões intermédias) se não interrompe desde o titular inscrito até ao actual titular, mas, relativamente a algum ou alguns desses actos, os interessados não dispõem de documento que os comprove (v.g., porque o documento se extraviou ou foi destruído num incêndio ou por outro qualquer motivo atendível, designadamente porque não foi possível localizar a repartição onde ele foi lavrado), apesar de terem sido titulados de harmonia com a lei (a meu ver, seria mais adequado, em vez de se falar em reatamento do trato sucessivo, apelidar este caso de reconstituição de documentos, porque na realidade o que se visa suprir aqui são os documentos que desapareceram, embora celebrados de acordo com o condicionalismo legal próprio do seu tempo).

Há então que proceder ao registo das participações sociais ou dos direitos sobre elas em nome dos sucessivos titulares, a partir do titular da última inscrição.

O *estabelecimento de novo trato sucessivo* contempla aquelas situações em que se verifica uma quebra na cadeia das aquisições derivadas e impossibilidade de as reconstituir, por falta ou insuficiência das respectivas "causas" e dos correspondentes documentos, tornando, por isso, necessário que o justificante invoque a posse conducente à usucapião, enquanto causa originária da aquisição.

É certo que a possibilidade de as participações sociais serem objecto de posse e, consequentemente, de usucapião – embora

---

objecto do direito de propriedade regulado neste código, na medida em que: o próprio CC admite a propriedade intelectual (de bens incorpóreos) – artigo 1303.º; as participações sociais são qualificáveis como coisas, gozando os seus titulares dos direitos de uso, fruição e disposição delas – artigos 202.º n.º 1 e 1305.º do CC; e o próprio CSC não deixa de referir-se à propriedade das participações nos artigos 269.º n.º 4 e 462.º n.º 4.

Curiosamente, o CN, no artigo 94.º n.º 1, fala também da *propriedade* ou do usufruto de quotas ou de partes do capital social, o que constitui, a meu ver, mais um argumento de ordem legal a favor desta tese.

genericamente admitida quanto às acções tituladas –, tem sido negada por uns e afirmada por outros[16]. Mas é incontroverso que sobre as participações sociais podem incidir direitos reais de gozo ou de garantia, como expressamente o prevê o artigo 140.º do CSC. E o artigo 94.º do CN, ao admitir como objecto da justificação notarial o estabelecimento de novo trato sucessivo, baseado na posse conducente à usucapião, como causa originária da aquisição, propende nitidamente para a aceitação de que as participações sociais *"são passíveis de posse exercida em termos de propriedade, penhor ou usufruto, podendo ainda ser adquirido o direito de propriedade ou de usufruto sobre elas por usucapião (cfr. o art.º 1287.º do CCiv.)"*[17].

b) *A dissolução imediata das sociedades*

"Dissolução da sociedade é a modificação da relação jurídica constituída pelo contrato de sociedade, consistente em ela entrar na fase de liquidação"[18].

A sociedade, ao dissolver-se – ainda que se trate de dissolução imediata –, não se extingue, apenas decide cessar a actividade, mantendo, portanto, a sua personalidade jurídica. Entra, porém, em processo de liquidação.

O CSC distingue nos artigos 141.º e 142.º, respectivamente, os casos de dissolução imediata dos casos de dissolução por sentença ou deliberação: os primeiros consubstanciam uma dissolução de pleno direito, que se impõe à vontade dos sócios; os segundos estão dependentes da actuação dos sócios ou dum requerimento ao tribunal.

Os casos de dissolução imediata – os únicos que interessam a este trabalho – são os previstos no contrato e os elencados no n.º 1 daquele artigo.

---

[16] Cfr. COUTINHO DE ABREU, obra cit. p. 343.
[17] Idem, ibidem, pp. 342 e 343.
[18] RAÚL VENTURA, *Dissolução e Liquidação de Sociedades*, Livraria Almedina, Coimbra, 1987, p. 16.

O n.º 2 desse preceito põe à disposição de certas pessoas dois meios para conseguir que a dissolução se torne certa, face à ocorrência de um desses casos[19].

Assim, os sócios podem deliberar o *reconhecimento da dissolução* quando ocorra alguma causa voluntária ou contratual de dissolução imediata ou quando se verifique o decurso do prazo fixado no contrato, ou a realização completa (ou a ilicitude superveniente) do objecto contratual ou a perda de metade do capital social, nos termos do n.º 4 do art.º 35.º do mesmo código, podendo também em tais casos qualquer sócio, sucessor de sócio, credor da sociedade ou credor de sócio de responsabilidade ilimitada promover a *justificação notarial da dissolução*[20].

A justificação notarial da dissolução também é, no fundo, um meio de reconhecimento da dissolução[21], mas enquanto o reconhecimento da dissolução a que se reporta o n.º 2 do dito artigo 141.º é posto somente ao alcance dos sócios, a justifica-

---

[19] Dado que o n.º 1 do artigo 141.º do CSC aponta uma solução ampla, segundo a qual o efeito dissolutivo imediato é consentido quer para as causas *legais* quer para as causas *voluntárias ou contratuais* de dissolução, RAÚL VENTURA (obra cit. pp. 41 e 42) inclina-se para a aplicação do n.º 2 deste artigo quer às causas legais quer às contratuais de dissolução imediata.

[20] Note-se que a dissolução por deliberação dos sócios e a dissolução por declaração de falência a que se reportam as alíneas *b)* e *e)* do n.º 1 ficam fora do âmbito deste n.º 2, porque quer a deliberação dos sócios quer a sentença judicial de declaração de falência são, por natureza, causas de dissolução cuja certeza está assegurada (RAÚL VENTURA, obra cit. p. 41).

De notar igualmente que o *reconhecimento da dissolução*, a que se reporta o n.º 2 do artigo, é deliberado por maioria simples dos votos produzidos na assembleia, enquanto que a deliberação dos sócios, causa de dissolução prevista na alínea *b)* do n.º 1, é tomada por unanimidade ou por certa maioria, conforme o que preceituar o contrato de sociedade ou a lei, de acordo o tipo de sociedade – vide artigos 194.º n.º 1, 270.º n.º 1, 464.º n.º 1 e 473.º n.º 1 do CSC.

[21] RAÚL VENTURA, obra cit. p. 44.

ção notarial da dissolução pode ser promovida por qualquer sócio ou credor da sociedade, por sucessor *mortis causa* de sócio (quando a causa da dissolução tenha sido a morte do sócio) ou por credor de sócio de responsabilidade ilimitada (nos tipos de sociedade onde seja admitida a responsabilidade ilimitada do sócio devedor).

Como é evidente, dos meios indicados no n.º 2 do artigo 141.º só interessa a este trabalho a justificação notarial da dissolução, baseada em alguma causa contratual ou legal de dissolução imediata.

Passando por cima das causas contratuais de dissolução imediata – que os sócios, legitimados pelo princípio da autonomia da vontade, podem inserir no contrato –, deter-nos-emos nas causas de dissolução imediata estabelecidas na lei e que são o decurso do prazo fixado no contrato, a realização completa (ou a ilicitude superveniente) do objecto contratual e a perda de metade do capital social, nos termos do n.º 4 do art.º 35.º do mesmo código.

Decurso do prazo – De acordo com o n.º 1 do artigo 15.º do CSC, a sociedade dura por tempo indeterminado se a sua duração não for estabelecida no contrato.

Assim, a cláusula contratual que estipule expressamente a indeterminação da duração da sociedade deve considerar-se supérflua ou redundante, sendo, portanto, de evitar.

O prazo de duração da sociedade, quando fixado inicialmente ou mediante posterior alteração, pode ser *certo* – até determinado dia ou por tempo determinado a partir de certa data – ou *incerto* – até ao dia em que ocorrer um certo evento, que se sabe que irá verificar-se, mas cuja data exacta não está fixada – ou ficar a duração subordinada a condição resolutiva.

É claro que a condição não pode ser contrária à lei ou à ordem pública, ou ofensiva dos bons costumes, porque o contrato seria nulo, mas se for física ou legalmente impossível, a condição deve ter-se apenas por não escrita – vide artigo 271.º do CC.

Por outro lado, se, contra as regras da boa fé, for impedida a verificação da condição por aquele a quem prejudica, a condição deve, nesse caso e nos termos do n.º 2 do artigo 275.º do CC, considerar-se verificada.

As mais das vezes a constatação da ocorrência do termo certo ou a verificação da condição resolutiva não suscitarão dúvidas ao notário.

Quando se levantarem problemas, designadamente no focado caso de a verificação da condição ser impedida por aquele a quem prejudica, os interessados deverão ser aconselhados a recorrer a outra via para a consecução dos seus intentos, uma vez que, nos termos do artigo 95.º do CN, compete ao notário decidir se as razões invocadas por eles impossibilitam a comprovação, pelos meios extrajudiciais normais, dos factos que se pretendem justificar, ou seja, apreciar se decorreu ou não o prazo fixado no contrato ou se se verificou ou não a condição resolutiva, decidindo-se depois pela feitura ou pela recusa da escritura pretendida.

Realização completa (ou ilicitude superveniente) do objecto da sociedade – A alínea *d)* do n.º 1 do artigo 9.º do CSC manda que conste do contrato de qualquer tipo de sociedade o seu objecto, o qual vem definido no n.º 2 do art.º 11.º – entenda-se, objecto a indicar no contrato – como a actividade ou o conjunto das actividades que os sócios propõem que a sociedade venha a exercer (necessariamente, actos de comércio a que alude o art.º 2.º do Cód. Comercial, por força do que dispõe o n.º 2 do art.º 1.º do CSC).

Assinale-se, antes do mais e recitando o n.º 1 do art.º 11.º, na redacção dada pelo Decreto-Lei n.º 257/96 de 31 de Dezembro, que a indicação do objecto da sociedade deve ser correctamente redigida em língua portuguesa.

O legislador, ao estabelecer que a indicação do objecto da sociedade deve ser *"correctamente redigida em língua portuguesa"*, não podia, no entanto, estar a querer referir-se à inclusão de expressões estrangeiras de uso generalizado na nossa língua ou que nela não tenham uma tradução adequada. A não ser assim, cair-se-ia no absurdo de não poderem ser exercidas uma série de actividades cujos descritivos só em língua estrangeira fazem sentido (ex: factoring, marketing, design) e outras que são pacificamente utilizadas na língua portuguesa, ainda que para elas exista tradução (ex: snack-bar, rent-a-car)[22].

Há que dizer depois que a indicação no contrato de sociedade das actividades que os sócios propõem que a sociedade venha a exercer deve ser feita de forma nítida, clara e específica[23].

A lei não consente que uma sociedade comercial indique, como objecto social, toda e qualquer actividade económica, não concretamente determinada, não sendo, assim, permitidas formulações que, pelo seu carácter vago ou genérico, o não esclareçam devidamente, v.g., *"o comércio em geral"* ou *"qualquer actividade comercial e industrial em conformidade com a lei"*.

A indicação clara do objecto contratual é necessária, v. g., para se poder delimitar a competência da administração e o grau de vinculação da sociedade aos actos por ela praticados – cfr. artigos 6.º n.º 4, 192.º, 260.º e 409.º do CSC.

Mas, para se poder falar em *realização completa do objecto contratual* – quer se trate do objecto inicialmente contratado, quer do introduzido no contrato por alteração posterior –, é igualmente indispensável que a actividade que os sócios se propõem exercer em comum seja uma actividade específica, pois, de contrário, não é materialmente possível a sua realização completa[24].

---

[22] Isto mesmo se pode ler na informação veiculada pelo BRN n.º 9/99 – I caderno – a p. 4.

[23] Cfr. parecer da Procuradoria Geral da República, publicado no Diário da República – II série – n.º 142, de 22 de Junho de 1995.

[24] Cfr. RAÚL VENTURA, obra cit. p. 70.

É, além disso, necessário que essa actividade tenha sido efectivamente exercida e se tenha materialmente esgotado, que tenha chegado ao fim, ainda que a verificação desse facto fique dependente de laudo pericial ou de vistoria de terceiros: por exemplo, a constituição de uma sociedade para a construção de um edifício só realiza completamente o seu objecto quando termina a actividade principal – a construção – e obtém da entidade administrativa a competente licença de utilização, que é uma actividade complementar daquela, mas indispensável para a realização completa do objecto.

O objecto da sociedade, como elemento essencial do contrato, deixa então de existir por já estar realizado ou, o que vale o mesmo, por já estar concluída determinada actividade que os sócios entre si contrataram realizar, podendo então ser dissolvida.

A *ilicitude do objecto* contratual como causa da dissolução é, evidentemente, a ilicitude superveniente, pois a ocorrida quando é celebrado o contrato constitui um vício que acarreta a sua nulidade, nos termos do artigo 42.º n.º 1 *c)* do CSC.

A ilicitude relevante para o efeito da dissolução é a que afecta a actividade incluída no objecto contratual e não a que esteja a ser exercida de facto sem estar nele incluída e deve abranger tanto os casos em que a actividade é declarada ilícita como aqueles em que o seu exercício é ilícito para sociedades privadas ou proibida a actividade a sociedades de certo tipo[25].

Perda de metade do capital social – O artigo 35.º do CSC, com o objectivo de evitar a descapitalização das empresas, estabeleceu, na sua primitiva redacção que *"os membros da administração que, pelas contas do exercício, verifiquem estar perdida metade do capital social devem propor aos sócios que a sociedade seja dissolvida ou o capital seja reduzido, a não ser*

---

[25] Idem, ibidem, pp. 74 e 75.

que os sócios se comprometam a efectuar e efectuem, nos 60 dias seguintes à deliberação que da proposta resultar, entradas que mantenham pelo menos em dois terços a cobertura do capital".

Esta disposição, cuja vigência esteve suspensa até à publicação do Decreto-Lei n.º 237/2001, de 30 de Agosto – cfr. n.º 2 do artigo 2.º do Decreto-Lei n.º 262/86, de 2 de Setembro, que aprovou o CSC –, não dispunha de mecanismos que assegurassem a sua efectiva aplicação, uma vez que, embora as administrações fossem obrigadas a propor medidas para a regularização da situação patrimonial, elas podiam não vir a ser tomadas, passando então a existir uma causa facultativa de dissolução, acessível a sócios e credores sociais[26].

Estes problemas parece terem ficado resolvidos com o Decreto-Lei n.º 162/2002, de 11 de Julho, na medida em que, tendo sido por ele aditada a alínea *f)* ao n.º 1 do artigo 141.º e dada nova redacção ao artigo 35.º, ambos do CSC, foi consagrada a dissolução *automática* das sociedades comerciais, no caso de se verificar a manutenção da situação de perda de metade do capital social no final do exercício seguinte àquele em que tal situação se verificou pela primeira vez.

Quer dizer: a dissolução imediata ficou diferida para o final do 2.º exercício social sem que tenha sido regularizada a situação de perda de metade do capital social[27].

"*Nestes termos* – lê-se no preâmbulo do citado Decreto-Lei n.º 162/2002 – *a dissolução imediata prevista no n.º 4 do artigo 35.º só ocorrerá a partir do momento da aprovação das contas do exercício de 2004, ou seja, em 2005*".

---

[26] Idem, ibidem, p. 141.
[27] Cfr. Boletim do Contribuinte, 2002, pp. 421 e 511.

III
Regras a observar na feitura das escrituras de justificação para fins de registo comercial

A regulamentação das escrituras de justificação em geral (quer seja para fins de registo predial, quer para fins de registo comercial) consta dos artigos 89.º a 101.º do CN.

À justificação para fins do registo comercial referem-se, de modo especial, como dissemos, os números 1 a 3 do artigo 94.º: os n.ºs 1 e 2 delimitam os casos, já vistos, em que a justificação é admitida; o n.º 3 manda expressamente aplicar à justificação para o reatamento do trato sucessivo ou para o estabelecimento de novo trato sucessivo as regras próprias das justificações para fins do registo predial contidas nos n.ºs 2 e 3 do artigo 90.º e no n.º 2 do artigo 89.º, quando for caso disso.

Nada diz o n.º 3 do artigo 94.º sobre as regras de direito notarial que devem ser aplicadas à feitura da justificação notarial da dissolução.

Creio que a realização deste tipo de escrituras deverá ficar subordinada à disciplina contida no n.º 2 do artigo 141.º do CSC e nos artigos 98.º e 99. do CN, no tocante aos documentos que as devem instruir, dado que a regulamentação das escrituras de justificação para fins do registo comercial deve orientar-se pela analogia dos preceitos interessantes em vigor para as escrituras de justificação visando o registo predial.

1 – Formalidades próprias da justificação para o reatamento do trato sucessivo ou para o estabelecimento de novo trato sucessivo

Como dissemos o n.º 3 do artigo 94.º manda expressamente aplicar aos tipos de justificação previstos no n.º 1 as regras próprias das justificações para fins do registo predial contidas nos n.ºs 2 e 3 do artigo 90.º e no n.º 2 do artigo 89.º [28], quando for caso disso.

Decorre daqui que os n.ºs 2 e 3 do artigo 90.º são aplicáveis às escrituras que tenham por objecto a dedução do trato sucessivo (reatamento do trato sucessivo, como vimos) e o n.º 2 do artigo 89.º (ou melhor o artigo 91.º, como se salientou na nota 14) é aplicável às que visem o estabelecimento de novo trato sucessivo, tendo em vista, num caso e noutro, o registo da aquisição da propriedade ou do usufruto de quotas ou de partes do capital social ou da divisão ou unificação de quotas de sociedades comerciais, ou civis sob forma comercial.

Assim:

a) No *caso de reatamento do trato sucessivo* a justificação tem por objecto a dedução do trato sucessivo a partir do titular da última inscrição, por meio de declarações prestadas pelos gerentes ou administradores da sociedade ou pelos titulares do direito justificando, devendo a escritura reconstituir os sucessivos actos modificativos da titularidade das correspondentes participações sociais, com especificação das suas causas e identificação dos respectivos sujeitos, e indicar ainda, relativamente aos actos a respeito dos quais se afirme a impossibilidade de obter o título, as razões de que resulte essa impossibilidade (extravio ou destruição do documento ou outro motivo atendível, v. g., porque não foi possível localizar a repartição onde ele foi lavrado).

---

[28] Cfr. o que se disse na nota 14 a propósito da referência feita a este artigo 89.º no n.º 3 do artigo 94.º.

b) No *caso de estabelecimento de novo trato sucessivo* a justificação consiste na afirmação, feita pelas mesmas pessoas[29], das circunstâncias em que se baseia a aquisição originária da propriedade ou do usufruto das participações sociais, com dedução dos actos modificativos da sua titularidade que a tenham antecedido e das subsequentes, devendo a escritura reconstituir as sucessivas transmissões, com especificação das suas causas e identificação dos respectivos sujeitos, e indicar ainda, relativamente àquelas a respeito das quais se afirme a impossibilidade de obter o título, as razões de que resulte essa impossibilidade e as circunstâncias de facto que determinam o início da posse, bem como as que consubstanciam e caracterizam a posse geradora da usucapião. Não basta afirmar, por exemplo, que alguém possui (ou possuiu) determinada participação social por certo período de tempo, com exclusão de outrem, de forma pública, pacífica, contínua e de boa fé, tornando-se necessário ainda descrever os factos materiais e concretos que revelam o início da invocada posse (participação activa na assembleia geral, com exercício efectivo do direito de voto, recebimento de dividendos, etc.) e aqueles que integram os seus caracteres (a forma continuada, o conhecimento de toda a gente, a falta de oposição de quem quer que seja, o convencimento de exercer um direito próprio correspondente ao direito de propriedade ou de usufruto, etc.).

---

[29] O n.º 1 do artigo 94.º do CN permite que as declarações possam ser prestadas pelos gerentes ou administradores da sociedade ou pelos titulares dos respectivos direitos, quer no caso de dedução do trato sucessivo, quer no de estabelecimento de novo trato sucessivo. A meu ver, só os titulares do direito justificado é que deveriam ser admitidos a prestar essas declarações no caso de estabelecimento de novo trato sucessivo, uma vez que as circunstâncias que determinaram o início da posse e as suas características apenas eles as conhecerão.

Quando se verificar a falta de título em que tenha intervindo o titular inscrito (falta, por não ter sido lavrado ou por ter sido destruído ou se ignorar a repartição onde foi celebrado), a escritura não pode ser realizada sem a sua *prévia notificação* pessoal (ou edital dele ou dos seus herdeiros, se, respectivamente, for ausente em parte incerta ou tiver falecido), ordenada pelo notário, a requerimento do interessado na escritura, observando-se os termos prescritos no citado artigo 99.º do CN.

A notificação visa dar conhecimento ao titular inscrito do acto que se pretende realizar, com o fim de ele se lhe poder opor[30]. Portanto, havendo título através do qual ele tenha transmitido o seu direito, já ele não tem de ser notificado.

Têm *legitimidade* para intervir nestas escrituras, como se viu, os gerentes ou administradores da sociedade ou os titulares dos respectivos direitos.

Outorgando no acto os gerentes ou administradores da sociedade, essa qualidade e, evidentemente, a sua identidade devem ser verificadas pelo notário, nos termos das alíneas *d)* e *e)* do n.º 1 do artigo 46.º do CN. A meu ver, os poderes que legitimam a sua intervenção não ficam dependentes de lhes serem atribuídos previamente em deliberação dos sócios nem sequer de ser verificados pelo notário, visto que resultam da própria lei – dito n.º 1 do artigo 94.º.

No que toca à intervenção dos titulares dos direitos justificados, a doutrina oficial[31] considera que a justificação de um direito real não é um acto de mera administração, devendo intervir ambos os cônjuges, quando se trate de direitos pertencen-

---

[30] Como o titular inscrito goza da presunção (elidível) que deriva do registo a seu favor, é sempre quem invoca algum facto em desconformidade com essa presunção que tem o ónus de o "avisar", notificando-o de que pretende "atacar" essa mesma presunção.

[31] Cfr. parecer do CT de 20 de Fevereiro de 1970 referido em nota ao artigo 101.º do Código do Notariado, edição da DGRN, de 1973, a p. 148.

tes a marido e mulher. Só não será necessário o consentimento do outro cônjuge quando a participação social tiver a natureza de bem próprio do justificante ou, sendo comum, tiver sido por ele levada para o casamento ou posteriormente adquirida a título gratuito, sub-rogada em lugar de algum bem comum nestas situações ou doada ou deixada a ambos os cônjuges com exclusão da administração do outro (salvo se se tratar de bem doado ou deixado por conta da legítima desse outro cônjuge) – vide artigo 1678.º, conjugado com o artigo 1682.º, ambos do CC.

Para *instruir* este tipo de escrituras de justificação devem os interessados apresentar os documentos infra indicados, dos quais ficarão arquivados os mencionados sob as alíneas *a)* e *b)* e serão apenas exibidos os referidos na alínea *c)*:

a) certidão de teor da matrícula da sociedade e das respectivas inscrições em vigor;

b) documentos comprovativos da notificação prévia do titular inscrito ou de seus herdeiros; e

c) documentos comprovativos das transmissões anteriores e subsequentes ao facto justificado, relativamente às quais se não afirme a impossibilidade de os obter – cfr. artigos 98.º n.ºs 3 e 4 e 99.º do CN.

2 – Formalidades próprias da justificação notarial da dissolução

À justificação notarial da dissolução são aplicáveis, como vimos, o n.º 2 do artigo 141.º do CSC e, na parte que interesse, os artigos 98.º e 99.º do CN.

As causas de dissolução imediata que servem de fundamento a estas escrituras são, como também já sabemos, as estabelecidas no contrato e nas alíneas *a)*, *c)*, *d)* e *f)* do n.º 1 do artigo 141.º do CSC, a saber: o decurso do prazo fixado no contrato, a realização completa (ou a ilicitude superveniente) do objecto contratual e a perda de metade do capital social, nos termos do n.º 4 do art.º 35.º do mesmo código.

A justificação tem por objecto, como diz a lei, a *declaração de dissolução da sociedade*.

Na prática, o justificante começará por declarar que ocorreu determinada causa legal ou contratual de dissolução imediata da sociedade – que especificará e que o notário apreciou previamente, através dos elementos que lhe foram fornecidos e que, se constarem de documentos, ficarão a instruir a escritura (v. g., se a causa da dissolução for a perda de ½ do capital social, deverá ser apresentado o relatório de gestão, que proponha algumas das medidas consignadas no n.º 1 do artigo 35.º do CSC, por se ter verificado, pelas contas do exercício, a perda de metade do capital social, e o balanço do exercício seguinte por onde se constate a mesma situação de perda) –, concluindo depois pela declaração de que, como consequência, a sociedade fica dissolvida.

A *legitimidade* para promover este tipo de escrituras, outorgando-as, vem indicada no n.º 2 do artigo 141.º do CSC (qualquer sócio, sucessor de sócio, credor da sociedade ou credor de sócio de responsabilidade ilimitada), justificando-se pela importância que para essas pessoas tem a alteração da sociedade provocada pela dissolução.

"*Manifestamente* – diz Raúl Ventura[32] –, *o acesso à justificação notarial não está aberto simultaneamente a todas essas pessoas, em todos os casos; para a generalidade dos casos cumula-se a legitimidade de qualquer sócio e de qualquer credor social; o credor de sócio de responsabilidade ilimitada só terá essa faculdade em tipos de sociedades onde seja admitida a responsabilidade ilimitada do sócio devedor; o sucessor mortis causa do sócio só tem interesse na justificação notarial, quando a causa da dissolução tenha sido a morte do sócio*".

---

[32] Ibidem, p. 44.

É claro que, se o contrato de sociedade não impedir a transmissão das participações sociais por morte, o sucessor *mortis causa* do sócio assume na sociedade a posição jurídica que este detinha, passando a ser sócio também[33]. Nessa hipótese, segundo me parece, já pode, na qualidade de sócio, ter acesso à justificação, ainda que a causa da dissolução imediata seja outra, diferente da morte do sócio.

As qualidades de sócio, de sucessor *mortis causa* de sócio, e de credor da sociedade ou do sócio verificá-las-á o notário através dos competentes documentos, que ficarão arquivados no cartório, respectivamente: certidão comprovativa do teor das inscrições em vigor referentes à sociedade (que, aliás, sempre teria de se exigir para instruir a escritura, nos termos do n.º 4 do artigo 98.º do CN); documento certificativo da habilitação notarial ou judicial; e título executivo ou documento emitido em forma legal no qual a sociedade ou o sócio tenham reconhecido a dívida.

A escritura, além dos documentos acima referidos, é sempre *instruída* com certidão de teor da matrícula da sociedade e das respectivas inscrições em vigor – cfr. n.º 4 do artigo 98.º do CN.

3 – Formalidades comuns aos dois tipos de justificação

São comuns às escrituras de justificação para fins de registo comercial – e também para fins de registo predial – as formalidades constantes dos artigos 93.º, 95.º a 97.º, 100.º e 101.º do CN.
Assim:
– a justificação de direitos para fins de registo é uma providência de carácter excepcional e, por isso, os notários não devem vulgarizar a feitura deste tipo de escrituras,

---

[33] Em regra é assim. Há, porém, casos em que o contrato pode prever que a participação se extinga, v. g. por amortização – cfr. artigo 225.º do CSC.

tomando a decisão de as celebrar só depois de apreciar escrupulosamente as razões invocadas pelos interessados que os impossibilitam de comprovar, pelos meios extrajudiciais normais, os factos que pretendem justificar – vide artigo 95.º.
– além dos justificantes, intervêm nas escrituras três declarantes para confirmarem o que por aqueles foi dito.

Os declarantes têm de reunir os requisitos de idoneidade das testemunhas instrumentárias, tal como estão contemplados no artigo 68.º do CN, não podendo também ser admitidos como declarantes os parentes sucessíveis dos justificantes nem o cônjuge de qualquer deles – cfr. artigo 96.º.
– os outorgantes (justificante e declarantes) devem ser advertidos de que incorrem nas penas aplicáveis ao crime de *falsas declarações*, se, dolosamente e em prejuízo de outrem, prestarem ou confirmarem declarações falsas, devendo a advertência constar da escritura – cfr. artigo 97.º [34].
– a escritura de justificação é publicada por meio de extracto do seu conteúdo, a passar no prazo de 5 dias a contar da sua celebração – diz o n.º 1 do artigo 100.º.

---

[34] *O crime de falsas declarações perante oficial público* estava previsto no n.º 1 do artigo 402.º do Código Penal (aprovado pelo Decreto-Lei n.º 400//82, de 23 de Setembro), disposição que na sua epígrafe falava em "Falso testemunho, *falsas declarações*, perícia, interpretação ou tradução".

Porém, o artigo 360.º do actual diploma congénere (aprovado pelo Decreto-Lei n.º 48/95, de 15 de Março), não abrange agora *falsas declarações* (que passaram para o âmbito do artigo imediatamente anterior, o 359.º), razão pela qual da sua epígrafe foi eliminada a referência àquela expressão.

No entanto, os tribunais continuam a entender que cometem o crime de falsas declarações, punido pelo n.º 1 deste artigo 360.º, os outorgantes de escritura de justificação que prestarem ou confirmarem declarações falsas – cfr. Acórdão da Relação de Coimbra de 2 de Maio de 2001, CJ, XXVI, tomo 3, p. 42.

A publicação, por força do que dispõe o n.º 2 desse artigo, é feita num dos jornais mais lidos do concelho da sede da sociedade, ou, se aí não houver jornal, num dos jornais mais lidos da região.

Havendo um jornal do concelho da sede da sociedade, será nesse jornal que deverá ser feita a publicação do extracto da escritura de justificação.

"*A letra da lei (art.º 100.º, n.º 2, C.N.) não comporta ... outra interpretação. No plano do direito a constituir, não seria descabido ... que se exigisse uma periodicidade máxima (talvez semanal) para que a publicação tivesse que ser feita nesse jornal. Uma periodicidade longa (v.g. mensal ...) pode brigar com legítimos interesses na celeridade do acto. Mas a certeza e segurança do comércio jurídico exigem que um requisito deste tipo figure expressamente na lei. É preciso não perder de vista o que está em causa. E o que está em causa é dar a conhecer publicamente os elementos essenciais dum acto jurídico, para que os interessados o possam impugnar (cfr. art.º 101.º CN). É fundamental que os interessados saibam antecipada e concretamente onde tais actos jurídicos devem ser publicados*"[35].

- se o facto justificado for impugnado em juízo, o tribunal comunicará ao notário a pendência da acção e, naturalmente, também a decisão final que for proferida – cfr. artigos 101.º n.º 1 e 202.º c).
- a publicação, a pendência da acção e a decisão final são factos que o notário terá de averbar à escritura, por força do artigo 131.º n.º 1 c) e d).

---

[35] O parecer proferido no proc. N.º RP 28/2001 DSJ-CT, publicado no II caderno do BRN n.º 10/2001 (Relator: João Bastos), ao abordar o problema do jornal em que devia ser publicado o extracto de escritura de justificação para fins de registo predial, entendeu que, havendo um jornal do concelho da situação do prédio, era nele que a publicação se devia efectuar.

As razões que justificaram essa tomada de posição valem também, a meu ver, para a publicação da justificação para fins de registo comercial, motivo pelo qual as segui de perto no discurso do texto.

– as certidões da escritura de justificação só podem ser passadas decorridos 30 dias sobre a data em que o extracto for publicado (o que se revela pelo averbamento), se dentro desse prazo não for recebida comunicação da pendência da impugnação.

Tendo havido impugnação, as certidões só poderão ser passadas depois de averbada a decisão definitiva da acção – vide artigo 101.º n.ºs 2 e 4.

Estas regras não prejudicam a passagem de certidão para efeito de impugnação (ou de certidão requisitada por tribunal, para instrução de processo judicial), em que deve mencionar-se expressamente o fim a que se destina[36].

– o art.º 93.º faculta a possibilidade de a justificação ser feita no mesmo título pelo qual se adquire o direito, competindo ao alienante fazer previamente as declarações concernentes à justificação (v. g., justificação e doação ou justificação e cessão de quota).

Em tal caso, a que a lei chama justificação simultânea, só podem ser extraídas certidões da escritura depois de observados o prazo e as condições supra mencionados para a passagem das certidões das escrituras de simples justificação – vide n.º 5 do art.º 101.º.

---

[36] Parecer proferido no processo n.º CN 9/98 – DSJ –, publicado no BRN n.º 4/98 – I caderno – pp. 24 e ss..

FÓRMULAS

1.ª reatamento do trato sucessivo

Justificação

...

Disseram os primeiros outorgantes:

Que o outorgante varão é titular de uma quota no valor nominal de ... na sociedade comercial por quotas que gira sob a firma ..., NIPC ..., com sede em ..., com o capital social de ..., matriculada na conservatória de ... sob o número ... e aí registada pela inscrição número ...;

Que a mencionada quota foi-lhe adjudicada no inventário que correu seus termos no tribunal judicial da comarca de ..., por óbito de seu pai F ..., viúvo, residente em ...;

Que o seu pai havia arrematado essa quota em hasta pública no processo de execução, que correu seus termos no tribunal judicial de ..., no ano de ..., contra F ..., titular inscrito;

Que este processo de execução desapareceu no incêndio ocorrido no citado tribunal em ..., não havendo, consequentemente, possibilidade de obter o título que comprova a correspondente transmissão;

Que, assim, justificam o seu direito à mencionada quota, que faz parte integrante do património comum do casal deles outorgantes.

Disseram os segundos outorgantes:

Que, por serem verdadeiras, confirmam inteiramente as declarações ora prestadas pelos primeiros outorgantes.

Notifiquei previamente o titular inscrito, nos termos do artigo 99.º do Código do Notariado.

Adverti os outorgantes de que incorrem nas penas aplicáveis ao crime de falsas declarações se, dolosamente e em pre-juízo de outrem, prestarem ou confirmarem declarações falsas.

Arquiva-se:

a) certidão de teor da matrícula da sociedade e das respectivas inscrições em vigor; e

b) documentos que integram o processo da referida notificação prévia.

Exibiu-se: fotocópia-certidão da partilha, passada pela secretaria do tribunal judicial de ... em ...

Esta escritura foi lida ...

2.ª estabelecimento de novo trato sucessivo

Justificação

...

Disseram os primeiros outorgantes:

Que o outorgante varão é titular de uma quota no valor nominal de ... na sociedade comercial por quotas que gira sob a firma ..., NIPC ...., com sede em ..., com o capital social de ..., matriculada na conservatória de ... sob o número ... e aí registada pela inscrição número ...;

Que a mencionada quota foi por ele adquirida a Joaquim da Silva, viúvo, ..., actualmente falecido, por compra titulada por escritura lavrada no dia vinte e oito de Março de mil novecentos e setenta e cinco no cartório de ... no livro ...;

Que, não obstante o mencionado Joaquim da Silva ter figurado como titular dessa quota nas actas das assembleias gerais da sociedade – durante anos e até à realização desta venda –, intervindo nelas e votando as decisões aí tomadas e se verificar que da escrituração social consta que anualmente lhe eram entregues os dividendos dos exercícios sociais, a quota referida encontra-se ainda registada na conservatória do registo comercial a favor de Manuel da Costa, solteiro, residente em ...;

Que o citado Joaquim sempre afirmou que adquiriu a quota em causa ao Manuel, também já falecido, desconhecendo-se, porém, qual a espécie do título aquisitivo, sendo certo que no processo de imposto sucessório por óbito do referido Joaquim foram relacionadas diversas participações sociais, não existindo qualquer alusão a esta quota;

Que ele outorgante varão, desde a data da aquisição da dita quota, sempre actuou como seu dono e legítimo possuidor, sendo por todos considerado como tal, intervindo nas assembleias gerais e recebendo os lucros correspondentes, sem oposição de ninguém;

Que, assim, por si só, está há mais de vinte anos na posse titulada da quota, de boa fé e por forma pública, contínua e pacífica, tendo-a, portanto, adquirido por usucapião;

Que, deste modo, eles outorgantes justificam o seu direito à mencionada quota, que faz parte integrante do património comum do casal.

Disseram os segundos outorgantes:

Que, por serem verdadeiras, confirmam inteiramente as declarações ora prestadas pelos primeiros outorgantes.

Notifiquei previamente os herdeiros do titular inscrito, nos termos do artigo 99.º do Código do Notariado.

Adverti os outorgantes de que incorrem nas penas aplicáveis ao crime de falsas declarações se, dolosamente e em prejuízo de outrem, prestarem ou confirmarem declarações falsas.

Arquiva-se:

a) certidão de teor da matrícula da sociedade e das respectivas inscrições em vigor; e

b) documentos que integram o processo da referida notificação prévia.

Exibiu-se: fotocópia-certidão da aquisição feita pelo primeiro outorgante varão, passada ... em ... por ...

Esta escritura foi lida ...

3.ª justificação de dissolução

Justificação

...

Disse o primeiro outorgante:
Que é um dos sócios da sociedade comercial por quotas que gira sob a firma ... NIPC ...., com sede em ..., com o capital social de ..., matriculada na conservatória de ... sob o número ... e aí registada pela inscrição número ...;
Que é titular, na dita sociedade, de uma quota no valor nominal de ...;
Que, segundo o contrato social, o objecto da sociedade é o exercício da actividade de ..., a qual foi sempre exercida com carácter de exclusividade;
Que, posteriormente, esta actividade veio a ser proibida pelo Decreto-Lei n.º ..., de ...;
Que, desde a entrada em vigor deste diploma legal, a sociedade não voltou a exercer qualquer tipo de actividade;
Que, tratando-se de ilicitude superveniente do objecto contratual, ele outorgante, na qualidade invocada e nos termos do artigo 141.º n.ºs 1, alínea d), e 2, vem por esta escritura justificar a dissolução da sociedade.
Disseram os segundos outorgantes:
Que, por serem verdadeiras, confirmam inteiramente as declarações ora prestadas pelos primeiros outorgantes.
Adverti:
  a) os outorgantes de que incorrem nas penas aplicáveis ao crime de falsas declarações se, dolosamente e em prejuízo de outrem, prestarem ou confirmarem declarações falsas; e
  b) o primeiro outorgante de que deve registar este acto na conservatória competente no prazo de três meses.

Arquiva-se certidão de teor da matrícula da sociedade e das respectivas inscrições em vigor.
Esta escritura foi lida ...

ÍNDICE

NOTA DE APRESENTAÇÃO 5

O NOVO CÓDIGO DA INSOLVÊNCIA E DA RECUPERAÇÃO DE EMPRESAS – ALGUNS ASPECTOS MAIS CONTROVERSOS
João Labareda 7

ALGUMAS QUESTÕES PROCESSUAIS NO CÓDIGO DA INSOLVÊNCIA E DA RECUPERAÇÃO DE EMPRESAS – UMA PRIMEIRA ABORDAGEM
Fátima Reis Silva 51

AS OPERAÇÕES DE SAÍDA DO MERCADO
Paulo Câmara 81

§ 1.º **As operações de saída de mercado: introdução e quadro geral** 83
   1. *Apresentação do tema* 83
   2. *Delimitação negativa: a extinção do valor mobiliário* 85
   3. *Os interesses em jogo e os principais vectores do regime adjacente* ... 88

§ 2.º **A exclusão de cotação** 93
   4. *A admissão à negociação em mercado; quadro geral* 93
   5. *Exclusão; terminologia e classificações* 100
   6. *Exclusão de cotação e protecção de accionistas minoritários* 102

§ 3.º **A perda de qualidade de sociedade aberta** 109
   7. *Elementos gerais* 109
   8. *Os pressupostos da perda de qualidade* 113

§ 4.º **A transmissão potestativa mobiliária** 119
   9. *Experiências jurídicas de base; principais problemas de política legislativa* ... 119
   10. *Transmissão potestativa mobiliária e societária: confronto dos regimes* ... 127
   11. *Pressupostos e processo; em especial, a oferta antecedente* 134
   12. *A contrapartida* 144
   13. *Balanço final sobre o instituto* 150

§ 5.º **Síntese conclusiva** 159

AS ESCRITURAS DE JUSTIFICAÇÃO PARA FINS DE REGISTO COMERCIAL
Fernando Neto Ferreirinha 161

I – **Preâmbulo** 163
    1 – Nota prévia 163
    2 – Considerações gerais 164

II – **O objecto das escrituras de justificação para fins de registo comercial** 169
    1 – Alguns dados históricos 169
    2 – O regime vigente 172
        a) *O trato sucessivo* 173
        b) *A dissolução imediata das sociedades* 181

III – **Regras a observar na feitura das escrituras de justificação para fins de registo comercial** 189
    1 – Formalidades próprias da justificação para o reatamento do trato sucessivo ou para o estabelecimento de novo trato sucessivo 190
    2 – Formalidades próprias da justificação notarial da dissolução 193
    3 – Formalidades comuns aos dois tipos de justificação 195

    Fórmulas
    1.ª reatamento do trato sucessivo 199
    2.ª estabelecimento de novo trato sucessivo 201
    3.ª justificação de dissolução 203